宗教法人の税務と会計入門

第三版

上田二郎

Ueda Jiro

国書刊行会

本書を使用する方の簡易判定

1　この本を使用する方は、先ず始めに**6**の表をご覧ください。宗教法人を規模別に分類し、所轄官庁への報告文書をまとめてあります。

2　収益事業、非収益事業の詳細については後述（第1章）しますが、宗教法人本来の祭事、祈禱、護符の頒布などについては、非収益事業に該当します。本来の業務以外のお土産、売店でのお守りやロウソク類の販売、所有地や寺院設備の貸付（席料など）は収益事業に該当します。

3　本書は、専門家（税理士）が使う本ではありません。よって、なるべくわかりやすい文章を心がけました。そのため、税務の専門書にありがちな、どちらとも取れないようなグレーな表現をなるべく避け、税の専門家ではない人が理解できるように記載し、会計処理も最もシンプルな方法を選択することにより、会計の経験がない人にもできるだけ読みやすいように工夫しました。

　そのために、微妙な判定では税務当局との見解に相違が生じる場合もあります。微妙な判定の場合は税務署や税理士に相談することをお勧めします。

4 　　本書は寺院を中心に解説しているため、主に寺院で使う言葉で説明していますが、**宗教法人であれば**神社や教会でも**使えます**。会計帳簿を作成するに当たっての勘定科目（経費科目等）は、真言宗の寺院を参考にしています。各自で読み替えて使用してください。

5 　　**勘定科目を考えるコツは、こだわらない心**です（第6章2・3参照）。どの科目を使っても必要経費は必要経費です。例えば、水道代を水道光熱費に入れても、境内維持費に入れても差し支えありません。自分が理解しやすい、覚えやすい勘定科目を使いましょう。

　　ただし、**一度決めた科目は、なるべく変更してはなりません**（継続性の原則）。

6 　　　　　　　宗教法人の提出書類等一覧表（簡易）

項目／法人規模		税務署		所轄庁	
		書類等	期限	書類等	期限
収益事業の有無	あり	法人税申告書	2カ月	役員名簿 財産目録 収支計算書	4カ月
	なし 年間収入8千万超	収支計算書	4カ月		
	なし 年間収入8千万以下			役員名簿 財産目録	

※本書は収益事業のない寺院（太枠）を中心に書いてあります。

7　　**収益事業のある寺院は税理士に依頼**しましょう。法人税の申告書は、簡単ではありません。毎年のように税法の改正もあります。

　　しかし、**税理士に依頼するのは申告書の作成だけ**で十分です。出納帳を自分で作れば、税理士に支払う報酬は少額で済みます。

8　　**収益事業のない寺院は**税理士が必要ありません。**本書だけで帳簿や収支計算書の作成が可能**です。第6章「ホントにやさしい寺院会計」を見て、現金出納帳を作成しましょう。

　　エクセルを使うことができれば1年分の集計も簡単です。市販の給与計算ソフトを使えば源泉所得税事務も容易にできます。また第7章では所轄庁への提出書類や収支計算書の解説もしています。寺院会計は簡単です。ぜひチャレンジしてみてください。

9　　初版の刊行から7年が経過して社会も大きく変化しています。第3版で追記した部分については［第3版追記］と記入してあります。

目　次

第2章　宗教法人にかかる税金　59

第3章　宗教法人に対する税務調査　75

第4章　源泉徴収事務　　　　　　　　99

第5章　年末調整と法定調書とマイナンバー
── 誰でも簡単！ 税制改正にも対応！
年末調整の裏ワザ　　　　135

第6章　ホントにやさしい寺院会計　　175

第7章　所轄庁への提出書類　199

第8章　本書作成にあたって寄せられた質問　213

はじめに

1 宗教法人をとりまく環境の変化

　日本人の価値観が大きく変化し、宗教に対する考え方も大きく変わってきています。

　信仰の有無について調査したところ、1950年代では「何か信仰を持っている」「宗教を信じている」と答えた人が約70％もいたのに対して、2000年に入ってからは20％程度まで低下しているという衝撃的な統計結果も見られます。

　一般的に信仰心は年齢とともに増加していく傾向にありますが、学歴が高くなるにつれて低下していくとも言われています。そして、現在、寺院にいろいろな面で関わり、貢献してくれている檀信徒の大半が、すでに高齢者になっています。

　このロジックから映し出される寺院の未来は、少子高齢化で人口が減り、かつ高学歴社会になっていく日本で、すでに社会保障問題などで言われている状況と同じです。残念ながら、近い将来、宗教を信仰していく人がどんどん増えていく要素は見つかりません。

　寺院経営に携わる者の1人として、自坊をいかに「魅力ある寺院」としていくのか？　自分がいかに「尊敬できる宗教家」となっていくのか？　自己研鑽は当たり前のことですが、大きな不安が尽きない毎日です。

　ところで、昨今、寺院経営に大きく立ちふさがっているのは会計の実務です。寺院の経営基盤は思ったよりもずっと脆弱です。葬儀はいつあるのか予想がつかないため、住職は365日24時間、いわゆるオフはありません。

　しかし実労働では、従事者を雇い入れるほどの労働もなければ、資金的にも余裕がない。こんな寺院がたくさんあるのではないでしょうか？　ここから導き出される今後の住職の姿は、布教活動を

含めた宗教活動をしながら、寺院経営のために会計をして、檀家さんの相談に応じる姿です。会社でいえば、社長が1人で営業、経理、総務事務を行う状況で、1人で何役もこなさなければならないスーパーマンが求められています。

　ところが、住職の平均年齢は、一般社会ではすでにリタイアした人と同じくらいで、老僧が寺院経営の中心です。魅力ある寺院を目指し、「寺院よ変われ！」などと威勢のいいキャッチコピーも耳にしますが、遥か遠くの天上界のささやきにしか聞こえません。寺院はそもそも、変化を望みません。悠久のときを経ても変わらないことが、寺院の1つの魅力でもあります。

　しかし、寺院会計については、大きな変化が求められるうねりを感じさせられる動きがあるようです。昨今のニュースを見ますと、宗教法人の脱税が大きく報じられています。

　国家の財政が逼迫し税収が不足するなか、公益法人の改革やさまざまな疲弊した組織が変化を求められました。

　この動きと呼応して、税務署の寺院に対する調査が増加しています。しかし、**税務調査の結果が公表されるたびに、寺院側の不手際が目立っています。宗教法人は**税制上、「公益法人等」という立場で、**さまざまな優遇税制を享受**しています。

　社会保障費の増大などで日本の財政が逼迫し、消費税率が10％になり、今後さらに税率がアップすることは避けられそうにありません。東日本大震災の復興のために、復興増税（所得税）も実施されています。しかし、**宗教法人は原則非課税のまま**です。「消費増税の前に宗教法人に課税せよ」との論調も目立ってきています。

　ところが、社会や世論の変化に耳を傾け、アンテナを張っている住職が少ないのが現状です。

2 デフレ化する葬儀

　葬儀のデフレ化が急速に進んでいます。直葬や家族葬など、お金をかけないこぢんまりとした葬儀が増えています。多くの人は葬儀にそれほど興味がなく、余分なお金をかけたくないと考えているのではないでしょうか。高齢化が進んで死亡年齢が上がれば当然のことです。85歳の母親を亡くした息子の年齢はいくつでしょうか？

　亡くなった母親が20歳で出産したとしても65歳です。息子はすでに現役を退き、残りの人生を20年と設計すれば、余計な出費は避けたいと思うのが当然です。

　亡くなった母親の近所付き合いが年齢とともに減っていたとすれば、葬儀に訪れる会葬者の数も少なくなっていくのが当たり前のことです。少子化の時代ですから息子の兄弟も少ない。もちろん孫も少ない。終身雇用制度が崩壊して会社の上司や先輩が会葬に訪れることも減っているようです。

　会葬者が減れば香典も少なくなります。余計なお金はかけたくないと思うのは当然のことで、葬儀がデフレ化するのも当然です。

　インターネットを検索すれば、「小さなお葬式」や「優しいお葬式」といった言葉が目に飛び込んできます。コンセプトは低価格、定額料金制です。従来の葬儀社の不透明な料金に比べ、追加料金を一切なくして透明化を図っています。

　低料金でも厳しい品質基準を保っているところもあります。大手業者の葬儀への参入（イオンのお葬式　https://www.aeonlife.jp/）もあり、葬儀の価格破壊に歯止めがかかりません。

　20年前は230万円程度だった葬儀費用が最近では100万円程度にまで減っているといった衝撃的な統計もあります。もちろん葬儀費用ですから、寺院へのお布施は別になります。

インターネットで戒名も売られています。「おぼうさんどっとこむ」（https://obohsan.com/）をみると、料金が一目瞭然になっています。一般的な戒名である信士、信女なら宗派未指定で6万円、宗派指定でも8万円です。通夜・葬儀を合わせても22万円（宗派指定）で一般的な葬儀のお布施（50万円）の半額以下です。

あえて「売られている」と書きましたが、本来、戒名が金額で決まること自体が異常なのです。お布施はバブルとともに高騰して、**お布施の在り方自体が歪んでしまった**のではないでしょうか。しかし、寺院側に変化の兆しは見られないようです。

寺と檀家の関係が薄れ、葬儀のとき以外には菩提寺を訪れない人も増えてきています。葬儀での高額なお布施に不満を抱き、戒名をインターネットで販売する業者に流れる檀家さんも少なくありません。

それでもなお、信仰心が厚く、寺院や僧侶を支えるため多額の財を施してくれる人々が旅立っていった後、どのような寺院の姿が見えてくるのでしょうか。筆者は、大半の**寺院が副業を迫られる**と考えています。多くの住職が、学校の先生やその他の職業を掛け持ちしながら寺院を運営している姿を想像しています。寺院は元の清貧に戻っていくのではないでしょうか。

そのときにきっと本書は役に立つと考えています。**少しの時間を割けば、寺院会計は簡単です**。基本を理解すれば、収益事業と非収益事業の区分も簡単です。寺院会計の制度ができたころは、寺院はそれほど裕福ではなかったはずです。ちゃんと寺院の負担を考えて、簡単な制度が作られています。

本書が多くの兼業住職のお役に立つことを願っています。

上田二郎

第1章
宗教法人の税務と収益事業

1 宗教法人の税務フローチャート

　本書は**小規模な寺院などが税理士に頼らず、自分で帳簿をつけて所轄官庁への報告や税務署への申告がスムーズにできる**よう作成しています。税務の専門書にありがちな、難解な文章や複数のルート（いろいろな解釈や、さまざまな選択肢）による説明を避けています。よって、本書に記載した方法がベストチョイスとならない場合もあるかと思います。

　しかし、税理士に寺院会計を相談しようにも、こちら側にある程度税務の知識がないと、相談することもできません。また、寺院会計は特殊なため、詳しい税理士が少ないのも事実です。

　これから寺院経営に携わる若い世代の住職や宮司さんに読んでいただくことで、宗教法人の税務や会計の概要を理解し、現在契約している税理士に、さまざまな相談をする基礎にもなることを期待しています。

　第2版の改訂では、第5章1❺としてマイナンバー制度について加筆しました。マイナンバー制度は行政を効率化し、国民の利便性を高め、公平・公正な社会を実現する社会基盤として導入されましたが、情報の漏えいなどには厳しい罰則規定を設けています。知らなかったでは済まされないマイナンバーの基本のキを覚えておきましょう。

　第3版の改訂では、ここ数年、毎年のように改正されてきた所得税法（基礎控除、配偶者控除、配偶者特別控除、寡婦控除、ひとり親控除など）に対応できるように、第5章2「誰でも簡単！　税制改正にも対応！──確定申告書等作成コーナーの使い方」をリニューアルしました。

宗教法人の税務フローチャート

檀家		宗教法人（法人税）
信者	布施・寄附 →	**宗教活動（非課税）** ・墓地貸付、永代使用料収入、葬儀、法事など、通常の宗教活動による収入。 ・拝観料、参詣のための線香、ロウソクの収入など
その他・観光客など	その他 →	

みなし寄附金（限度額あり）　第2章　区分経理

個人の税金 （源泉所得税）		収益活動（課税）
住職や従事者の給与や退職金。施餓鬼従事者の雑給など	← 給与報酬	・駐車場収入（時間貸、月極、駐車場用地のための一括貸など）。 ・不動産（土地、建物）の貸付、境内および本堂などの施設の貸付。 ・会議、研修、娯楽などのための席貸。
注意 住職の生活費などは源泉徴収義務あり。 （子弟の学資など） 第4章		

---

1 収益事業に対する課税

　宗教法人は公益を目的として設立された「公益法人等」ですので、法人税は原則非課税です。ただし、**収益事業を行う場合、収益事業の部分だけには法人税が課税**されます。

　ですので、収益事業を行っている場合には、法人税の確定申告書を税務署に提出しなければなりません。法人税の申告書は一般人には容易に作成できません。税法の改正も毎年のようにあるので、税理士に依頼しましょう。

2　収益事業と非収益事業の区分経理

　宗教法人は**収益事業から生じた所得**（いわゆる利益）**だけに法人税が課税**されますので、収入や経費を**収益事業と非収益事業に区分して経理**する必要があります。しかし、１取引ごとに収益事業の判定をしていると、帳簿を２種類作らなければならないため煩雑です。勘定科目で収益、非収益が分けられるように工夫し、共通する経費を決算期末に仕訳する方法をお勧めします。

　この場合、**共通する経費などの額については、合理的な基準で按分する**必要があります。合理的な基準は、使用面積、従事する従業員の割合、収益事業と非収益事業の収入割合など、さまざまな基準が考えられます。税務調査で問題とならないようにあらかじめ税務署や税理士に相談してください。

　会計業務を自分で行えば、税理士に支払う費用が安く抑えられます。本書を使って、ぜひ挑戦してください。

3　収益事業になる34の事業

　法人税法には、収益事業として34の事業が明示されています。次のページに列挙しておきますが、**宗教法人本来の業務**（布教活動、葬儀、祭典、加持祈禱）**以外のもので、継続して事業場をもって行われる事業には**、原則的に**法人税がかかる**と理解した方がよいでしょう。また、**これらの業務に関連する付随業務も収益事業**になります。

収益事業になる 34 の事業

１．物品販売業	10．請負業	19．仲立業	28．遊覧所業
２．不動産販売業	11．印刷業	20．問屋業	29．医療保健業
３．金銭貸付業	12．出版業	21．鉱業	30．技芸教授業
４．物品貸付業	13．写真業	22．土石採取業	31．駐車場業
５．不動産貸付業	14．席貸業	23．浴場業	32．信用保証業
６．製造業	15．旅館業	24．理容業	33．無体財産権の提供業
７．通信業	16．料理・飲食店業	25．美容業	
８．運送業	17．周旋業	26．興行業	34．労働者派遣業
９．倉庫業	18．代理業	27．遊技所業	

4　収益事業の判定基準

　収益事業の判定基準のポイントは、**一般企業と競合するような事業には公平性の観点から課税**される、という点です。お守りを例にしますと、全く同じお守りを宗教法人でも、参道のみやげ物店でも売っているとします。宗教法人が売ったものは非課税で、みやげ物店が売ったものは課税としますと、同じお守りを売った場合の利益が変わってしまうため、みやげ物店が圧倒的に不利になります。

　このような場合、宗教法人が売ったお守りも収益事業として一般企業と同様に扱って、法人税や消費税を課税します。**原則的に継続して行われ、事業所がある場合には課税**となります。

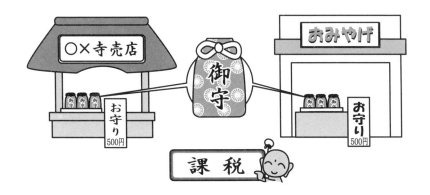

5 収益事業判定の具体的例示

① お守り、おみくじなどの販売

　お守り、お札、おみくじなどの販売のように、その売価と仕入れ価格の関係からみて喜捨金と認められるような場合は、非収益事業となります。例えば、塔婆の原価が1本200円だとします。この板に加持・祈禱を行うことによって、1本3,000円で頒布できるのです。

　しかし、反対に物品販売業でも売られているような物品（絵はがき、写真帳、暦、ロウソク、供花、数珠、硯、文鎮、メダル、キーホルダー、杯、箸など）を通常の価格で販売する場合には、「物品販売業」に該当して収益事業になります。

　なお、線香やロウソク、供花の頒布であっても、参詣のために下賜するものは、非収益事業となります（本章2　ケース1参照）。

② 墓地の貸付

　墓地の貸付は非収益事業です。この貸付には、使用期間に応じて継続的に地代として徴収するもののほか、「永代使用料」として一括徴収するものが含まれます（本章2　ケース10参照）。

③ 境内地の席貸し

　境内地や本堂、書院などの施設を、不特定の者にさまざまな目的で貸すことは「席貸業」に該当します。例えば、縁日での場所貸も該当します。

　貸付目的を問わず、会議、研修、娯楽などすべてが「席貸業」に該当し、収益事業となります。

　ただし、国や地方公共団体の用に供するものなど一定の要件に該当する場合は、非収益事業となり、課税されません（本章2　ケース8・9参照）。

④ 宿泊施設の経営

　宿泊施設に信者や参詣人を宿泊させる場合、宿泊料をいかなる名目（お布施など）で受け取っても「旅館業」に該当し、収益事業になります。

　しかし、いわゆる宿坊で、宿泊料が1泊1,000円（食事付きの場合、2食付きで1,500円）以下の宿については非収益事業となります。

⑤ 所蔵品の展示

　所蔵品や保管物を常設の宝物館で観覧させる場合は、非収益事業
となります。

⑥ 茶道、生花などの教授

　茶道、生花、書道教室などを開設し教えた場合、「技芸教授業」
に該当し収益事業になります。

⑦ 結婚式場の経営

　神前、仏前結婚式を行う場合、本来の宗教活動の一部である場合は非収益事業となります。

　しかし、挙式後に開く披露宴のための席貸、飲食物の提供、衣装や物品の貸付、記念写真の撮影やこれらの行為の斡旋は、収益事業に該当します。

⑧ 駐車場の経営

　境内地の一部を時間極で不特定多数の者に駐車させる場合、また月極で一定期間継続して貸す場合は、「駐車場業」に該当し収益事業になります。

　また、駐車場に適する土地を一括で貸付け、駐車場として使用されている場合も「駐車場業」になります。つまり、**貸す側がどのような意図で土地を貸したにせよ、その土地が駐車場として使用されていれば**「駐車場業」に該当して**収益事業**になります。

⑨ その他の土地貸付

　宗教法人が土地を貸付けている場合が多くみられます。土地の貸付も収益事業に該当しますが、住宅用として貸付け、かつその賃料がその土地の固定資産税等の３倍以下の場合には、非収益事業となります（本章2　ケース4**2**参照）。

　土地の貸付がある場合、収益、非収益の判定事務は毎年行わなければならず煩雑です。

　収益事業がある場合、法人税の申告をしなければなりません。申告書の作成は一般の方には少し難しい作業になりますので、説明は省略します。該当しそうな方は税理士に相談してください。

　次のページに収益・非収益の判定を簡単にまとめてあります。

収益・非収益判定表

非収益	● お守り、お札、おみくじなど（原価が安く喜捨金と判断できるようなもの） ● 住宅用低廉地代の貸付（固定資産税等の3倍以下で貸付けた地代） ● すべての宿泊者の料金が1泊1,000円（2食付きで1,500円）までの宿坊 ● 仏前挙式などで本来の宗教活動（住職の子弟や檀家の結婚式）の一部と認められるもの
収益	● 絵葉書、暦、線香、ロウソク、数珠、硯、メダル、キーホルダー、杯、箸などで通常の価格で販売するもの（主にみやげ物の目的で販売されているもの） ● 挙式後の披露宴会場の貸付（場所貸）、飲食物の提供（仕出し）、貸衣装など ● 茶道教室、活花教室などの教授や、出版業など

6　源泉所得税事務（給与計算）

　どんな小さな宗教法人でも、住職や宮司がいて**給与や報酬を払っている場合、その宗教法人には源泉所得税の徴収義務があります。税務署の調査の主な目的は、源泉所得税の徴収漏れの確認**といっても過言ではありません。源泉所得税については、第4章で詳しく述べます。

　少し面倒くさいと思う方もいるかもしれませんが、慣れれば簡単です。慣れるまでは気軽に税務署に教えてもらいに行きましょう。親切に教えてくれます。

　また、ネット上などでも給与計算ソフトが販売されており、無料のものもあります。一度使い方を覚えれば、年末調整や源泉徴収事務も簡単にできます。

7　消費税・地方消費税

　消費税は、消費一般に広く公平に課税する間接税です。よって宗教法人も消費税・地方消費税の申告書提出および国への納税が必要な場合があります。

　納税義務は事業者にありますが、消費税等は事業者が負担するべき性格ではなく、税金分は事業者が販売する商品やサービスの価格に含まれて次々に転嫁され、最終的には消費者が負担することになります。

　消費税の課税対象は、国内で事業者が行った資産の譲渡（事業者が対価を得て行う、資産譲渡や貸付、サービスなど）と、保税地域（外国の貨物を税関の輸入許可が下りる前の状態で保留できる場所）からの外国貨物の引き取り（輸入など）です。

　宗教法人が行う、葬儀、法要などの収入（戒名料、お布施、玉串料など）は不課税取引です。しかし、**消費税の課税対象となるかどうかの判断基準は、その事業が収益事業となるかどうかの区分によるのではない**ので注意が必要です。

　例えば、法人税の収益事業の判定では、宝物館などの観覧料は非収益事業（本章1 **5**⑤参照）でしたが、消費税では課税となります。

以下に概要が理解できるよう、消費税について記載します。少し詳しく見ていきましょう。

① 消費税の納税義務者（申告書の提出が必要な場合）

消費税の申告および国への納税をするのは、国内で課税資産の譲渡を行った事業者です。よって、宗教法人も、免税事業者に該当する場合を除き、納税義務を負います。免税事業者になるのは、基準期間（前々事業年度）の課税売上が 1,000 万円以下の場合です。

ただし、基準期間の課税売上が 1,000 万円以下の場合でも、前事業年度（開始から 6 カ月以内）の課税売上高または給与等支払額が 1,000 万円を超えた場合（選択適用可）には課税事業者になります。

簡易判定では、**資料館や宝物館の観覧料収入がない宗教法人で、2 年前の収益事業が 1,000 万円以下の場合、免税事業者**となると考えていただいて大丈夫です。

消費税の免税・課税判定

年度	2020	2021	2022	2023
収益事業 収入	800 万	1,200 万	免税	課税
	1,100 万	700 万	課税	免税

ポイント! 前々年度の収入で判定

② 消費税の課税対象

消費税の課税対象となるかどうかの判断基準は、事業として行われる行為が対価性のある資産の譲渡や資産の貸付け、役務の提供になるかどうかで判断されます。よって、寄附や贈与は課税の対象とはなりません。受け取った者が相手に対して、何かを提供（資産の

譲渡や資産の貸付、またはサービス）し、その反対給付（対価）として金品を受領したわけではないからです。ですので、お布施には消費税がかかりません。

③ 非課税取引

消費税の性格から課税対象になじまないものや、社会政策的な配慮から、一定の取引については非課税となります（非課税は「消費税法別表第一」に掲げる取引に限られます）。

葬儀、法要などのお布施は、現在のところ不課税ですが、法律に定められた非課税ではありません。よって、お布施を葬儀サービスに対する対価と考えた場合、消費税を課税できるという考えの人もいます。

宗教法人によくある業務には、土地の貸付、幼稚園（保育園、認定こども園）の保育料、入園料、入園検定料や施設設備費があります。土地の貸付は、法人税法では原則的に収益事業なので課税対象でしたが、消費税法上は非課税取引です。宗教法人が行う主な事業の消費税関係は次々ページの表のようになります。

④ 納税額の計算

消費税の税額計算は下の算式によって算出します。

> 消費税の納税額＝
> 　　　課税売上に係る消費税額－課税仕入れなどに係る消費税額

　以上、消費税についておおむね説明しましたが、消費税の申告が必要な宗教法人は、原則として決算期末から2カ月以内に申告書を提出しなければなりません。消費税の申告や納付については、税理士に相談してください。

　消費税についてもっと詳しく知りたい方は、国税庁のホームページ「パンフレット・手引き」（https://www.nta.go.jp/publication/pamph/01.htm#a-06）に掲載されている、次のパンフレットを参考にしてください。

　　・『消費税のあらまし』『消費税法改正のお知らせ』
　　・『国・地方公共団体や公共・公益法人等と消費税』

⑤ 適格請求書（インボイス）制度

　2023年10月から適格請求書（インボイス）制度が始まります。収益事業をしていない寺院はあまり関係ないかもしれませんが、消費税の申告義務がある寺院にとっては大きな改正です。

　ポイントは、課税仕入れなどに係る消費税額（仕入税額控除）です。仕入税額を控除するためにはインボイスの保存が必要になります。インボイスを発行できる事業者（消費税の課税事業者）からの仕入れでなければ仕入税額控除ができなくなることがありますので、注意が必要です。［第3版追記］

宗教法人が行う主な事業に対する消費税

		事業の内容	課税・不課税の判定
よくある業務	A	葬儀、法要に伴う収入 （戒名料、お布施など）	不課税
	B	お守り、お札、おみくじの販売	原則不課税 （収益事業判定に従う）
	C	絵葉書、写真帳、暦、線香、ロウソクなどの販売	原則課税 （収益事業判定に従う）
	D	土地、墳墓地の貸付	非課税
	E	墓地、霊園の管理料	原則課税 （収益事業判定に従う）
	F	駐車場経営	課税
	G	建物の貸付	事業用は課税 住宅用は非課税
	H	宿坊施設 （1泊2食付きで1,500円以下）	不課税
	I	常設の資料館、宝物館での所蔵品の観覧	課税
	J	拝観料	不課税
幼稚園等	K	幼稚園経営 （保育料、入園料、入園検定料、施設設備費など）	非課税
	L	制服、制帽の販売	課税
	M	文房具の販売	課税
式場ほか	N	神前、仏前挙式 （宗教活動の一部の行為）	不課税 （収益事業判定に従う）
	O	披露宴での飲食物提供、貸衣装	課税
	P	新聞、雑誌、法話集などの販売	課税
	Q	茶道、生花、書道などの教授	課税

2 寺院によくある収益事業の具体例

　法人税法では、国内法人である「公益法人等」（≒**宗教法人**）または人格のない社団など**の各事業年度のうち、収益事業から生じた所得以外の所得に対しては法人税を課さない**と定めています。

　公益法人等は寄附金や補助金、会費を原資として公益的な活動を行う法人ですが、法人である以上、**事業活動を行って、事業年度ごとに収支計算を行う必要があります。**

　しかし、事業活動の結果、余剰金が生じた場合、もし余剰金に法人税が課税されてしまうと、公益活動の原資が損なわれて事業活動を阻害してしまうため、法人税を課税しないこととしています。

　ここでしばしば問題となるのが、収益事業と非収益事業の区分です。大まかな部分はフローチャートのところで若干触れていますが、ここでは具体例を挙げてもう少し詳しく記載します。

　再度、申し上げておきますが、収益事業があると税務申告が必要になります。収益事業がある宗教法人は、税理士に相談することをお勧めします。

　ところで、日本の人口が減少しています。少子化によって子供が減れば、墓を守る人が減るのは間違いありません。

　合計特殊出生率（1人の女性が生涯に生むと見込まれる子供の数）が1.34（2021年）なら、多くの家庭が一人っ子で、男女の出生割合は1対1です。そのため2世代経過すると、½（1組の夫婦から1人の子供）×½（男女の出生比）＝ ¼、つまりお檀家数が ¼ になる計算が成り立ってしまうのです。よって、今後、寺院が存続するためには収益事業に頼らざるを得ず、収益事業を理解することはとても重要なことになります。

ケース1　絵葉書の販売

Q　宗教法人で販売する絵葉書は、おみくじやお守りと同様、寄附（お布施）収入となりますか？

結論　宗教法人が販売するお守りやおみくじで、前述（本章1 **5** ①参照）のように、実質的に喜捨金と認められるものは非収益事業となります。しかし、絵葉書の販売は「物品販売業」に該当し、収益事業となります。

解説　宗教法人が信者や参詣者からお賽銭や喜捨金を受け取っても、それらは対価性のない寄附収入であり、非収益事業となります。しかし、物品を販売すれば、「物品販売業」として課税対象となります。

　ところが、お賽銭と引き換えに、お札やおみくじなどを頒布する場合など、さまざまなケースが考えられます。具体的な例では、護摩札などは祈禱してから渡しますが、申し込み時にキッチリと料金が書いてありますので、物品販売と取れなくもありません。喜捨とは本来的には進んで寺院などに寄贈する行為で、金額が明示されるものではありません。

　しかし、このようなケースでも、売価と仕入原価との関係から判断して、実質的に喜捨金と認められる場合には物品販売業とはなりません。つまり、おみやげ用のお守りと、加持・祈禱を行って頒布するお札では原価が違うはずです。

　ただし、反対に一般のみやげ物店でも販売しているようなお守りを、宗教法人が同様な価格で販売している場合、たとえ宗教活動の一環として行われていても、収益事業として課税の対象となります。

　結局、宗教法人が一般的に信仰の対象として認識されるお守りやお札、おみくじなどを販売した場合は、お賽銭と同様に課税対象とはなりませんが、一般のみやげ物店でも扱うような絵葉書や写真集、暦、ロウソク、生花の販売は収益事業課税の対象とする、という考え方です。

　ただし、奉納するための線香やロウソクで「1本100円」と明示してあっても、「喜捨」と書いてある賽銭箱があるだけのようなケースや、同様な生花の販売については物品販売業とはなりません。

ケース2　自動販売機の収入

Q 寺院内の休憩所などに設置している自動販売機は収益事業になりますか？

設置する自動販売機は業者が管理して、通常販売している飲料を同価格で販売しています。寺院へは設置料金として手数料が支払われています。

収益事業

結論　**収益事業となる物品販売は、継続して事業場を設けて行うもの**が要件となります。「事業場」は販売員を置く売店に限らず、自動販売機の設置も該当します。同様に電話ボックスなどの設置も「通信業」として収益事業課税の対象になります。

解説　法人税法では、**販売業などの事業で継続して事業場を設けて行われるものを、収益事業**に該当すると定めています。

「事業場を設けて行われるもの」には、常設の店舗や事務所などの事業活動の拠点となる一定の場所を設けて事業を行うもののほか、必要に応じて、随時その事業活動のための場所を設け、または既存の施設を利用して、事業活動を行うものが含まれます。

よって、自動販売機の設置や電話ボックスの設置による収

入は、収益事業に該当することになります。

ケース3　有価証券の運用益

Q　当寺院は収益事業を行っていませんが、余裕資金の運用として有価証券を保有しています。この運用益は収益事業となりますか？

結論　資金運用として行う有価証券の取引は「金銭の貸付」に該当しないため、非収益事業となります。

しかし、**商品によっては**、不動産ファンドへの出資など、**実質的に「不動産貸付業」と認められるものもあります**ので注意が必要です。解説は省略しますが、該当するような運用がある場合は、税理士に相談してください。

公益法人の基本財産は、減損する可能性のある投資をしてはいけないことが、基本的な考えです。しばしば報道されている宗教法人の運用損失の問題は、運用益が非収益事業であることを利用して多額の投資をしたことが原因です。宗教法人の優遇税制を狙って、休眠宗教法人の売買も行われています。

ケース４　不動産の貸付

　宗教法人の特徴として、土地の貸付が多いことがあげられます。宗教法人は土地を手放さずに、その対価を得て存続してきた歴史的な事情を反映しています。

　このような貸地のなかには、戦前や戦後の混乱期に口約束で貸付けられたものも多く、現在のように借地権が財産権として確立していなかったため、権利金などの授受を伴わずに貸付けられていたものもたくさんありました。

　しかし、地価の上昇とともに、特に都市部では借地権が底地権を上回る財産として確立しています。このような土地の貸付（地代収入）については、収益事業から除かれ、非課税扱い（お布施同様に非収益事業となる）とされるものもあるので、少し詳しく記載します。

1　不動産貸付でも非収益事業となるもの

　宗教法人が行う墳墓地の貸付や墳墓地の永代使用料は、不動産貸付業には該当しますが、**非収益事業**となります。

　また、**墓地の管理料収入**について、契約書等で「３年程度管理料の支払がない場合、永代使用権を放棄したものとみなす」などの条項がある場合、収益事業の請負業に当たるとする考え方もあります。このように**未納者をしっかり管理し、督促を行っているような寺院の管理料は収益事業**に該当すると考えられます。

　しかし、一般の寺院では管理規程を定めて管理料を明示しているものの、管理料金は檀家の「志」に任せて督促もしない、まして３年程度の未納を理由に先祖代々の墓地を没収することもできないため、実質はお布施に近い性格の場合が多いものと思われます。

このような寺院の管理料は布施収入と考えられ、墓地の清掃や管理は檀家から委託されて行う業務ではなく、寺院自らのために行う業務ですので、**非収益事業**になるものと考えられます。

2 住宅用地の低廉地代

宗教法人が所有する土地を住宅用地として貸付けたもので、低廉な地代のものは、非収益事業となります。

低廉な地代とは、その土地の貸付による年間収入が、固定資産税および都市計画税の合計額（以下、固定資産税等と呼ぶ）の3倍以下の貸付の場合です。

不動産貸付の収益・非収益判定

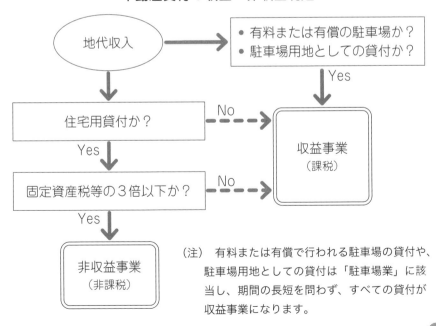

（注） 有料または有償で行われる駐車場の貸付や、駐車場用地としての貸付は「駐車場業」に該当し、期間の長短を問わず、すべての貸付が収益事業になります。

① 住宅用地の貸付の判定基準

　住宅用地の貸付とは、貸付地のすべてが住宅用地である必要はありません。「主として住宅用に供される土地」と定められています。具体的には、**床面積の2分の1以上が居住用に利用されていれば住宅用地**として認められます。

　ただし、別荘として使用している場合や、敷地面積が床面積の10倍を超える広大な土地の貸付は収益事業となります。

　また、居住用の住宅とは、借地人自身が住まいとして使用している必要はありません。転貸などで他人に貸している場合であっても、住宅用として使用されていれば問題はありません。

イ　一戸建て住宅の場合の2分の1判定

２階が住居

〇×不動産

１階が店舗

住宅用貸付

　1階を店舗や事務所として使用し、2階を住居として使っているケースでは、床面積などから判断して2分の1を住居として使っている場合には、住宅用地の貸付となります。

ロ　ビルやマンションの場合の2分の1判定

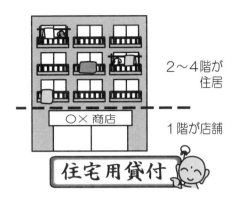

2～4階が
住居

○×商店

1階が店舗

住宅用貸付

　建物の床面積の2分の1以上が居住用として使用されているビルやマンションは、住宅用地の貸付となります。

　部屋の所有者が複数の借地人に持分が分かれている借地権付分譲マンションなどで、店舗や事務所、住居が混在する場合であっても、建物全体で判断します。

　よって、建物全体の床面積の2分の1以上が住宅用であるケースでは、非収益事業の住宅用地として取り扱われます。

② 低廉地代の判定

　土地の地代が固定資産税等の3倍以下であるかどうかの判定は、それぞれの貸付ごとに判定します。つまり、①の住宅用地の貸付の判定基準に該当しても、**個別の地代が固定資産税等の3倍を上回ったケースでは、収益事業**となる点に注意が必要です。

　そのため、毎年、個別の貸付ごとに、貸付地代と固定資産税等を比較して、収益、非収益の判定を行わなければならない点に注意が必要です。

③ 承諾料、更新料などの取り扱い

　固定資産税等の３倍以下かどうかの判定は、その貸付期間に経常的に収受する地代とされています。よって、承諾料や更新料などの臨時的収入は含まれません。

　つまり、**収益事業と判定された土地の更新料などは収益事業**となり、反対に**非収益事業と判定された土地の更新料などは非収益事業**となります。

　例えば、今まで住宅用として使用されていて非収益事業だった建物が譲渡され、事務所などとして使用されることになったケースでは、名義変更承諾料は収益事業となります。

　反対に事務所として使用されていて収益事業だった建物の所有者が変わり、住宅用として使用される場合の名義変更承諾料は非収益事業となります。

ケース5 借地権設定の権利金

Q 当寺院には、先代時代から15年以上にわたり寺院の将来のために保有していた遊休地があります。今回、寺院経営の安定のために、住宅用として貸すことになりましたが、借地人からもらう借地権設定の際の権利金は収益事業の課税対象となるのでしょうか？

結論 宗教法人が借地権の設定に伴って受け取る権利金は、収益事業の課税対象とはなりません。

解説 宗教法人が所有している土地に新たに借地契約を結ぶと、通常では借地権価格相当の権利金が支払われます。都市部では地価の70％程度の金額になります。

法人税法では、地価の2分の1以上の権利金を収受している借地権の設定は、土地譲渡に類するものとして取り扱われます。

質問のケースでは住宅用として貸付けるとのことですが、**相当期間（おおむね10年以上）にわたり固定資産として保有していた土地の譲渡は収益事業に含めないことができる**こととされています。このことから、このように**長期間保有していた土地に借地権を設定した場合に受け取る権利金は非収益事業**になります。

ケース6　借地権者への底地の譲渡

Q 当寺院は、長年にわたって参道の店舗に敷地を貸してきました。しかし、借地人からの強い要望があって底地を譲渡することになりました。この場合の底地売却収入は、収益事業として課税されるのでしょうか？

結論　宗教法人が長期間保有してきた底地を処分する行為は、不動産販売業には該当しません。

解説　宗教法人が不動産を譲渡した場合、それが販売行為であれば不動産販売業になりますが、**譲渡が不動産の処分行為である場合には、不動産販売業にはなりません。**

ただし、収益事業で使用していた不動産を処分した場合、不動産貸付業の付随行為として収益事業となります。

今回のケースは、借地人が店舗として使用しており、収益事業として貸付けていたものといえるので、不動産貸付業の付随行為となり収益事業に該当します。

しかし、宗教法人が**相当期間にわたって保有していた不動産の処分による損益は、収益事業に含めない**ことができます。

また、**収益事業の廃止に伴う不動産の処分損益も、収益事**

業に含めないことができることから、非収益事業にすること
ができます。

ケース7　マンションの分譲

Q　当寺院は本堂改修工事の資金調達のため、長年保有していた
境内地の一部にマンションを建設して、分譲しようと考えてい
ます。この場合の土地、建物の譲渡代金は、収益事業として課
税されるのでしょうか？

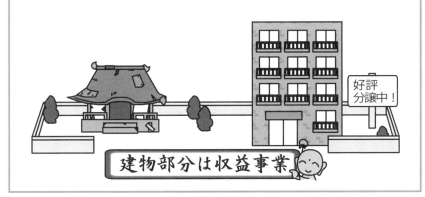

好評
分譲中！

建物部分は収益事業

結論　宗教法人が固定資産を処分する行為は、不動産販売業には
該当しません。しかし、**マンションを建設して販売する場合、
建物部分は不動産販売業に該当し、収益事業**になります。

解説　不動産販売業に該当する不動産の販売行為とは、不動産で
ある土地、建物を不特定または多数の者に反復して、または
継続して譲渡することです。

　宗教法人が長年、境内地として所有してきた土地を処分す
る行為は、不動産販売業には該当しません。ただし、境内地
の処分であっても、マンションを建設して販売する場合は、

原則として不動産販売業に該当します。

　しかし、その土地が長期間にわたり固定資産として保有されていたものであり、かつ、**マンションの建設から販売までの一連の行為が、土地の譲渡を容易にするために行われたものと認められる場合**、その土地の譲渡は不動産販売業には該当しません。

　よって、このケースでは**土地の譲渡にかかる部分は非収益事業**ですが、**建物部分については**不動産販売業に該当し、**収益事業**として課税の対象になります。

ケース8　葬儀のための本堂の貸付

Q 当寺院では、檀家以外の人にも本堂を葬儀や法事で使用する場合に限って使わせています。使用にあたっては、原則として当寺院の僧侶が導師を務めますが、宗派が違う場合などは導師を務めないこともあります。

　いずれの場合でも、一定のお布施を納めてもらっていますが、本来の宗教活動の一環として行っていますので、収益事業には当たらないと考えてよいのでしょうか？

檀家以外の葬儀で本堂を貸した場合

結論　宗教法人が、本堂を檀家以外の者に使わせるケースは、都市部の寺院ではよくあります。この場合、ポイントとなるのは、寺院の僧侶が導師または助法として出仕しているかどうかです。

　寺院僧侶が出仕していれば、檀家以外の者から受け取った志納金も布施収入と考えられますので、**非収益事業**となります。

　しかし、**寺院僧侶が出仕していない場合は**、単に場所を貸したことになり、席貸業として**収益事業課税**の対象となります。

解説　葬儀や法事で受け取るお布施や志納金は、本来、対価性がないので非収益事業です。

　檀家以外の人が葬儀で本堂を使用する場合も、その寺院の僧侶が導師などとして出仕していれば、本来の宗教行事の一環と考えられますので、**非収益事業**となります。

　しかし、**寺院僧侶の出仕がない場合には**、収受する名目がお布施や志納金となっていても、単に場所を提供しているだけと判断され、**収益事業**となります。

　また、葬儀以外でも、書道教室やヨーガ教室、俳句教室などで本堂を貸すケースも増えてきています。これら**教室などのために貸している場合**には、たとえ檀家から受け取った収入であっても、**収益事業**として課税の対象になりますので注意が必要です。

ケース9　会議室などの一時的な貸付

Q　当寺院は、檀信徒会館を所有していますが、普段はほとんど使っていません。先日、檀家の社長さんから会議室として使いたいと頼まれたのでお貸ししたところ、お布施として5万円をもらいました。

今回は、たまたま依頼されて貸しましたが、需要はあるようで、今後は貸会議室として整備していくことも考えています。

受け取ったお布施と、今後、貸会議室として使用した場合の課税関係を教えてください。

結論　会議室の提供は席貸業に該当し、原則として収益事業になります。しかし、**今回のケースは、たまたま依頼されたもので、収益事業に該当するための継続性がありません。**よって、非収益事業として扱ってよいと考えられます。

今後、檀信徒会館を整備して、**空いている時間を継続的に会議室として使用させた場合、席貸業として収益事業**になります。

解説　席貸業とは、一般的に場所を貸すことによって報酬を得る事業です。よって、継続的に檀信徒会館を会議室として使

用させて受け取る収入は、席貸業に該当します。

　ただし、席貸業に該当する場合であっても、国または地方公共団体に使用させた場合には、非収益事業となります。

ケース10　納骨堂の貸付

Q 当寺院では、境内の一部に納骨堂を新築し、納骨をする人から永代供養料を受け取っています。永代供養料は墓地のケースと同様に非収益事業と考えてよいでしょうか？

結論　納骨堂は墳墓地に準じたものになるため、非収益事業となります。

解説　宗教法人が行う墓地の貸付は不動産貸付業に該当しますが、非収益事業とされています。納骨堂の使用料や永代使用料も同様に非収益事業となります（本章1 **5**②参照）。

　なお、墳墓地の貸付が非収益事業となるのは、宗教法人や公益社団法人、または公益財団法人に限られているため、それ以外の法人が墳墓地を貸付けると収益事業と判定されます。

ケース11　ペット供養

Q 当寺院では、周囲のニーズに応えてペットの葬儀、火葬、埋葬、納骨、法要を行っています。これらの収入は、宗教活動の一環として行っているため、非収益事業と考えてよいでしょうか？

結論 宗教活動の一環であっても、基本的には収益事業として課税の対象となります。

解説 ペット供養の葬祭は、宗教法人だけではなく石材店や動物病院などでも行っています。宗教法人が営利法人と同様な事業を行っている場合、宗教法人だけを非課税にすると、課税の公平性が失われるというのが収益事業となる根拠の1つです。

よって、ペットの葬儀、火葬、埋葬、納骨などのいわゆるペット供養は、役務の対価として収益事業（「請負業」。骨の預かりは「倉庫業」）となります。

しかし、同時に、事業の目的、内容、態様などの諸事情を社会通念に照らして総合的に検討して判断すべきものとしておりますので、経常的なペット供養ではなく、檀家の要望に応じて、**たまたまペットの供養をしてあげたような場合には非収益事業**になるものと考えられます。

ケース12　墓石仲介手数料

Q 　当寺院では新しく檀家となる方が希望する場合、寺院に出入りする石材店を紹介しています。近頃は墓石の販売も減ってきているようですが、紹介した檀家が墓石を購入した場合、代金の数％をお布施として持ってくるようになりました。

　このお布施は、非収益事業と考えてもよいのでしょうか？

結論 　お布施という名目は関係ありません。寺院が檀家を紹介し、墓石業者との**契約や慣習により受け取るお礼は紹介料**となります。よって「周旋業」に該当するため、収益事業として課税の対象になります。

解説 　「周旋業」とは、有料または有償で他の者のために商行為以外の行為の媒介、代理、取り次ぎなどを行う行為です。石材店と契約を交わしていなくても、**慣習によって継続的に受け取っているお礼は、収益事業**として課税の対象になります。

　また、石材店だけでなく、仕出し弁当業者や仏壇業者から紹介料を受け取るケースもありますが、これらも「周旋業」として収益事業課税の対象になります。

　なお、たまたま檀家さんからの依頼で石材店を紹介したら、

石材店から謝礼をもらった場合も収益事業になります。しかし、他に収益事業がない場合、正しく寺院帳簿に記載しておけばよいでしょう。

ケース13　チャリティーコンサート

Q 当寺院では、被災地の支援活動を行う団体への寄附を集めるため、和太鼓と声明のコンサートを行いました。出演者は各寺院から募った若手僧侶で報酬はなく、来場者には入場料に含めて募金の負担をお願いしました。

集まった入場料は、会場の使用料や機材搬入の運賃、その他の必要経費を除いて、残金すべてを支援活動団体へ寄附することとし、その旨を来場者に事前に明らかにしています。このような社会福祉活動の課税関係について教えてください。

結論　コンサートの**事業収益の全額が、社会福祉などのために支出され、かつ、参加者やスタッフへは無報酬で行われる慈善興行**であることについて、**所轄の税務署長に確認を受けた場合**、法人税が課税される興行業には該当しません。

解説　法人税基本通達では、宗教法人が行う「慈善興行」で、次

の興行に該当することを所轄税務署長から確認を受けた場合、法人税の課税対象とならないと規定しています。

① 催物の純利益の全額が、教育（社会教育を含む）、社会福祉等のために支出されるもので、かつ、催物に参加した者や関係者が、何らの報酬も受け取らない慈善興行であること。

② 学生、生徒、児童その他、催物に参加することを業としない者（いわゆるアマチュア）を参加者または出演者とする興行。

　質問のケースの場合、チャリティーコンサートの事業収益のすべてが社会福祉目的に支出され、かつ、参加者などに報酬がないことから、**非収益事業**となります。

ケース14　記念誌の配布・販売

Q 当寺院では、宗祖の御遠忌 1,200 年にあたって、記念行事を行いました。檀信徒に寄附を募り、記念行事終了後に寺誌を作成して寄附をいただいた方に配布しました。
　また、檀信徒以外の者でも、興味がある方に有料で販売する予定です。このような収入はどのように取り扱われますか？

結論　檀信徒からの寄附については、**寄附のうち寺誌の代金相当部分が「出版業」として収益事業課税**の対象となります。

　一方、**檀信徒以外の者に販売した代金は、全額が収益事業**として課税の対象となります。

解説　学術、慈善、その他公益を目的とする法人が、その目的を達成するために、会報を会員に配布するために行うものは、出版業であっても非収益事業となります。

　また、例えば、県人会の○○周年記念誌などのように、特定の資格を有する者を会員とする法人が、会報を発行して会員に配布する場合も、出版業に該当しても収益事業とはなりません。

　質問のケースですが、宗教法人は上記のような「学術、慈善、その他公益を目的とする法人」には該当しません。また「特定の資格を有する者を会員とする法人」には、思想、信条または信教を同じくするものは含まれません。よって、**有料で寺誌を配布する場合、出版業として収益事業**に該当します。

　次に、檀信徒から受けた寄附との関係について考えてみますと、一見、寺誌を無償で配布しているようで、課税の対象とはならないように思えます。しかし、**寄附のなかに寺誌の代金が含まれていると認められる場合、寺誌代金相当額が出版業として収益事業課税**の対象となります。

ケース15　植物園の入場料

Q 当寺院では境内に四季折々の花が咲きます。特に5月の花菖蒲や6月の紫陽花、秋には菊園も有名です。四季折々の花ですので、常設ではありませんが、植物の維持にも費用がかかるので、入場料をいただいて一般の人に鑑賞してもらっています。この入場料は収益事業になりますか？

結論　　**植物園の入場料は**「遊覧所業」に該当し、**収益事業として**課税の対象となります。

解説　　遊覧所業とは、展望台、パノラマ、遊園地、庭園、動植物園、海中公園のように、一般の人に開放して一定の場所を遊歩し、天然または人工物、景観などを観覧させる事業をいいます。

　　よってご質問のケースは、遊覧所業に該当しますので、入場料は収益事業課税の対象になります。

ポイント！

◆ 宗教法人の本来の宗教活動は非収益事業であり、法人税は課税されません。

◆ 本来の宗教活動以外のもので、継続して行われ、事業場をもっている場合は、収益事業となり、法人税が課税されます。

◆ 収益事業と非収益事業の区分は複雑です。税務署や税理士に相談してください。

◆ 収益事業を行う場合には、その部分に対して法人税が課税されます。法人税の申告書は一般人には容易に作成できませんので、税理士に相談しましょう。

◆ 収益事業を行っていても、帳簿は本書を使用すれば自分で作成することができます。その分、税理士に払う費用が節約できます。

◆ 宗教法人が職員に給与や報酬を払っている場合には、源泉所得税の徴収義務があります（第4章で詳述）。

◆ 法人税と消費税は、課税対象が違う場合がありますので注意してください。

第2章
宗教法人にかかる税金

1 宗教法人の特典

　宗教法人には原則的に、国税では法人税と地方法人税および消費税が、地方税では地方消費税、法人事業税、法人住民税、不動産取得税、固定資産税が課税されます。しかし、宗教法人の公益性を確保するために、種々の特典が認められています。

　宗教法人は、法人税法上は「公益法人等」に該当しますが、その目的に反しない限り収益事業を行うことができます。しかし、収益事業で利益が生じた場合には、宗教法人や公益事業などのために使用しなければならない、とされています。

　宗教法人のなかには、一般の事業者と同じ事業を行うものもあり、もしそのような事業に税金をかけないと、一般の事業者が不利となる場合も考えられる、というのが課税の根拠です。しかし、宗教法人の収益事業に法人税を課税する一方、種々の課税上の特典を認め、バランスをとっています。

　宗教法人の所得に対する税法上の取り扱いは、原則的に本来の宗教活動に伴う所得については非課税扱いとし、収益事業を行う場合には課税扱いとすることとしています。収益事業の区分については第1章でも簡単に述べましたが、「本来の宗教活動かどうか」がポイントです。

　実際に寺院を経営している宗教家には、「本来の宗教活動」の解釈については特に問題のない部分だと思います。しかし、おみやげ用のロウソクの販売は収益事業、お供えのためのロウソクは非収益事業になる（第1章1**5**①参照）など、同じものでも取り扱いが違う場合があり、気をつけなければならない部分があります。

　ただしこの問題も、参詣が頻繁にあって売店を常設しているような大寺院の問題で、一般の寺院にはあまり関係ありません。

　一般の寺院で判断の分かれるケースに、ペット供養があります。ペットの供養や葬祭は、宗教法人だけでなく、石材店や動物病院でも行われています。このため料金表を作成して、火葬、埋葬、納骨などを行う行為は、宗教活動の一環として受け取る「お布施」というより、役務の対価として受け取る報酬と考えられ、収益事業に該当するとの考え方が主流のようです。

　また、動物は法人税法では物品として扱われることから、納骨堂を造ってペットの骨を預かる場合も、「倉庫業」として収益事業課税の対象になります（第1章2　ケース11参照）。

　本書は実務書の性格上、収益事業の判定について、さまざまなケースを解説することは避けています。収益、非収益事業の判定問題を網羅的に説明すると、それだけで1冊の本ができあがってしまうほどの分量になります。

　よって、本書では収益、非収益の判定問題を随所に記載し、根本的な考え方を理解してもらう工夫をしました。実務で問題があった場合には、税務署や税理士に相談することをお勧めします。

　以下、本書の法人税率は2021年4月1日以後に開始する事業年度のものを使っています。**法人税率はよく変更されます**ので注意してください。

1　法人税法上の主な特典

① 寄附金の損金算入限度額

　宗教法人会計では、収益事業で生じた所得から、収益事業の経費として、非収益事業に寄附をすることができます。

　宗教法人の収益事業には法人税が課税されますが、**収益事業で生**

じた所得の20%を非課税である非収益事業に移し変えることができるという特典です。つまり宗教法人の行う収益事業は、最初から20%が免税になっていると考えられます。

区分経理

これを一般の法人が支払った寄附金と比べると、違いが明らかです。寄附した相手によって計算式が違いますが、一般の寄附金については、次の計算式で算出した金額が損金算入限度額になります。

$$\text{損金算入限度額} = \left(\text{資本金等の額} \times \frac{\text{当期の月数}}{12} \times \frac{2.5}{1{,}000} + \text{所得金額} \times \frac{2.5}{100} \right) \times \frac{1}{4}$$

一般の法人が支出した寄附金の損金算入限度額の具体例

・資本金等の額：2,000万円
・所得金額：1,400万円
・当期の月数：12カ月（1年決算）

$$\left(2{,}000万円 \times \frac{12}{12} \times \frac{2.5}{1{,}000} + 1{,}400万円 \times \frac{2.5}{100} \right) \times \frac{1}{4} = 10万円$$

このケースでは、1,400万円の所得金額に対して10万円の限度額ですから、0.7%しか経費算入が認められないということになります。

宗教法人の20%とは大きな違いがあります。

② 法人税率

　資本金が1億円以下の普通法人（中小法人）の場合、課税所得が800万円以下の部分については15%で800万円を超える部分については23.2%の税率です。

　公益法人等の場合は収益事業の所得に対して、800万円以下の部分は15%で800万円を超える部分は19%の税率です。

（注）1　法人税の税率は頻繁に改正されますので、ご注意ください。

（注）2　法人税の納税義務がある場合には、地方法人税として課税標準法人税額に10.3%の税率を乗じた金額が別途課税されます。

2　その他の国税の主な特典

① 所得税の非課税

　以下に挙げるものなどについて、宗教法人が受け取る場合には源泉所得税が課税されません。

- 利子
- 配当
- 定期積金の給付補てん金
- 抵当証券の利息
- 貴金属売戻条件付売買の利益
- 外貨建預金などの為替差益
- 一時払い養老保険などの差益
- 匿名組合契約の利益分配

　所得税は個人の所得に対して課税される税金ですが、法人に対しても利子・配当の支払を受けるときに源泉所得税が課税されます。

宗教法人には源泉所得税が課税されない特例が設けられ、預貯金の利子、株式の配当などが非課税になっています。

② 相続税・贈与税の非課税

　宗教法人が遺贈または贈与により財産を取得した場合、原則的に非課税です。

③ 印紙税の非課税

　印紙税が課される契約書、領収書、手形などの課税文書の作成について、印紙税法上、宗教法人は非課税法人ではありません。しかし、金銭または有価証券の受取書については、収益事業に該当する場合でも非課税扱いとされています。

④ 登録免許税の非課税

　宗教法人が宗教法人法第3条（境内建物及び境内地の定義）に規定する境内建物の所有権取得登記や境内地の権利の取得登記に係る登録免許税は非課税です。

　また、宗教法人が運営する学校（学校教育法第1条に規定する幼稚園）の校舎や運動場、実習地などに使う土地の権利の取得登記も非課税です。

3　地方税法上の特典

① 法人事業税の特典

　宗教法人は法人事業税も法人税同様、収益事業を行うときにだけ課税されます。収益事業の範囲も法人税と同じです。

　なお、宗教法人については、法人事業税の外形標準課税は適用されません。

（注）　外形標準課税とは、事業所の床面積や従業員数・資本金等および付加価値など、外観から客観的に判断できる基準から税額を算定する課税方式。

② 法人住民税の特典

　宗教法人が収益事業を行う場合、法人住民税の均等割税額および法人税割額が課税されますが、収益事業を行わない場合は非課税で、均等割額も課税されません。

　収益事業の均等割額は、一律に法人住民税の最低税率によって課税され、都道府県民税は年額2万円、市町村民税は年額5万円になっています。

　これは、一般の法人が資本金などの金額によって区分されているのに比べ、優遇されています。

③ 不動産取得税の非課税扱い

　宗教法人が取得する特定の不動産については、不動産取得税が非課税扱いになっています。

　特定の不動産とは、

- 宗教法人の境内建物および境内地

- 宗教法人が設置する幼稚園等に使う不動産
- 宗教法人が設置する博物館に使う不動産

です。

④ 固定資産税および都市計画税の非課税扱い

宗教法人が所有する、

- 境内建物および境内地や幼稚園等に使う不動産
- 博物館に使う不動産

については、固定資産税および都市計画税が非課税扱いとなっています。

2 宗教法人の特典を継続するために

　1950年まで、公益法人には基本的に法人税が課税されていませんでした。しかし、1949年のシャウプ勧告によって法人税法の改正が行われ、公益法人等についても原則として法人税を課税することが決まりました。

　しかし、公益法人等の特殊性を考慮して、収益事業から生じた所得についてだけ、課税することになりました。それでも、さまざまな課税上の特典を設け、公益法人等の多様な活動を制限しないようにしています。

　公益法人の税務会計の環境は、2008年12月1日より、公益法人制度改革関連三法が施行され、制度改革が進んでいます。

　極めて簡単に説明すれば、厳しい公益認定基準が設けられ、公益認定審査会の審査を受け、厳しい基準を満たした公益法人だけが公益法人として存続し、公益認定を受けることができない法人や公益会計基準を守れない法人は、普通法人として各種税金の特典を放棄しなさい、という内容です。公益法人会計はルールが複雑で、手続きが煩雑な割には報酬との折り合いがつかず、税理士としては正直なところ御免被りたいほどの内容です。

　私が危惧しているのは、**宗教法人にも公益認定基準の波が押し寄せてくるのではないか**という点です。第3章で取り上げますが、宗教法人の税金問題が後を絶ちません。**宗教法人は公益法人等として、各種の税金優遇策を受けている事実を忘れてはなりません。**

　国家財政が逼迫するなか、宗教法人の制度改革を要望する世論が高まったときに、果たして、公益法人等の優遇税制を受ける資格のある宗教法人はどれだけあるのでしょうか？

　現在の宗教法人会計は、とても簡単で優遇税制に満ち溢れていま

す。宗教は営利を目的とせず、その倫理観から不正な経理も行われないという性善説に立っています。

　しかし、その実態は、必ずしも立法者の思いに応えていないような気がしてなりません。税務当局が発表する宗教法人に対する税務調査の結果を見る限り、寺院側の不勉強による修正申告が多く見受けられます。なかには悪質な所得隠しを行っているケースもあり、マスコミが聖職者の脱税として大きく取り上げる場合も少なくありません。

　宗教法人は、同業者が競争相手になることが少ないため、横のつながりが強く、連帯意識も強いように思います。

　各々の寺院が、お互いに声を掛け合って、適正経理を通じた適正申告を行う。このことが、寺院の優遇税制を支える世論となり、寺院の将来の経営に繋がっていくことを願っています。

3 特典を剝奪された場合の シミュレーション

　ある週刊誌は「宗教法人に課税すれば４兆円が浮く」と題して、「宗教法人に法人税、固定資産税など通常の課税を行えば、約４兆円の税収が見込める」という記事を掲載していました。しかし、残念ながら計算根拠が一切示されていません。

　実際に宗教法人に課税しようとすると、課税実務面でもさまざまな難しい問題が起こります。法人税を例に考えれば、お布施は課税対象となるのか、ならないのか？　といった公益法人等の収益事業、非収益事業の区分問題があります。

　また、お布施に対して領収書を出す習慣が乏しいため、どのようにして正確に把握するのか？　といった捕捉率の問題も生じてきます。課税対象となれば徴税側には「正直者がバカを見ないための策」を講じる必要に迫られます。仮にお布施が課税対象となれば、税務署はきっちり把握するための対応をとってくるでしょう。

　一方、固定資産税の課税については、目に見える資産であるがために最も有効な課税方法だといった考え方もあるようです。しかし、広大な敷地を持つ山岳仏教などの固定資産税はどのように評価するのか？　まさか信仰の対象である本尊を評価することはないでしょうが、伽藍をどのように評価するのかという問題も出てくるでしょう。建立年代で区分して評価するのか？　文化的資産として評価するのか？　墓地には課税するのか、しないのか？　いずれにしても、これらは評価の問題ですので、課税庁側の英知を結集すれば固定資産への課税は十分に可能で、最も現実的な方法だろうと筆者は考えています。

　これら宗教法人課税の諸問題をあえて考慮しないで、読者の失笑を恐れず極めて独善的に、筆者が最も現実的な課税方法と考えてい

る、法人税の「みなし寄附金」と税率の優遇に絞って、優遇税制が剥奪された場合の税額シミュレーションを試みたいと思います。

〔設例〕　A宗教法人は本来の宗教活動として、お布施などの非収益収入が5,000万円ありますが、その活動費が4,000万円かかっています。なお、A宗教法人は収益事業として出版業を営み、その収入が7,000万円ありますが、費用が4,000万円かかっています（消費税額は考慮していません）。

1　宗教法人の優遇税制

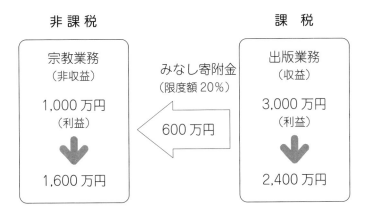

非　課　税

宗教業務
（非収益）

1,000万円
（利益）

1,600万円

みなし寄附金
（限度額20%）

600万円

課　税

出版業務
（収益）

3,000万円
（利益）

2,400万円

法人税の計算（公益法人等）

800万円 × 15% ＝ 120万円
（2,400万円 － 800万円）× 19% ＝ 304万円
法人税額 424万円

2　みなし寄附金と法人税率の優遇が廃止された場合

非　課　税　　　　　　　　課　　税

宗教業務　　　　　　　出版業務
（非収益）　　　　　　　（収益）

1,000万円　　　　　　3,000万円
（利益）　　　　　　　　（利益）

法人税の計算（中小法人）

800万円 × 15％ ＝ 120万円
（3,000万円 － 800万円）× 23.2％ ＝ 　510万4千円
法人税額 630万4千円

　みなし寄附金と法人税率の優遇が廃止されただけで、A宗教法人は金額にして206万4千円、率にして48.7％の増税となります。

　出版業を例に説明しましたが、収益事業を行っている宗教法人すべてが対象となる優遇税制です。もちろん本来の宗教活動はすべて非課税です。

　立法者の趣旨を思い出してください。宗教法人を存続させるため、その倫理観から不正な経理は行われないだろうという前提で与えた各種の優遇税制です。

　この思いに宗教者側は本当に応えているのでしょうか？

　税務調査を非難する前に、やるべきことがあるのではないのでしょうか？

ポイント！

◆宗教法人は収益事業の利益に対して、さまざまな特典を受けています。

◆初版（2014年時の法人税率）ではみなし寄附金と法人税率の優遇が廃止された場合の税額シミュレーションは257万円、率にして61%の増税と書きましたが、第3版では税額206万4千円、率にして48.7%と修正しています。税制改正によって公益法人等の優遇が見直され、優遇の幅が縮まっていることが分かります。

◆本来の宗教活動はすべて非課税です。

◆これだけの優遇税制を守るためにも、清く正しい会計処理をしましょう。

[第3版追記]

　2021年に「みなし寄附金」の改正が行われました。

　ごく簡単に説明すると、寺院が非収益事業（お布施など）と経理していた部分について、税務調査で「この部分は収益事業です」と認定されても「みなし寄附金」によって80%部分にしか課税されませんでした。

　しかし今後は、**不正な経理処理によって非収益事業としていた部分には**「みなし寄附金」が適用されず、**修正部分の100%が追徴課税の対象**になります。

　優遇税制の見直しが着実に行われています。

第3章
宗教法人に対する税務調査

1 本物の宗教者へのマルサの強制調査
——身延山久遠寺　宿坊事件

　2002年3月、宗教界に激震が走る事件が起きました。日蓮宗総本山門下の住職に東京国税局の強制調査が入りました。以下が、マスコミ各社の報道です（以降、マスコミ各社の報道は筆者がまとめたもの）。

　日蓮宗総本山「身延山久遠寺」（山梨県身延町）門下の宿坊「鏡円坊」の住職（実名報道）が同寺の出張所「敬慎院」の別当（責任者）当時、お布施などを個人的に蓄財し、約3億3,000万円の所得を隠していたことが、東京国税局の強制調査（査察）でわかった。

　東京国税局は所得税約1億2,000万円を脱税したとして、住職を所得税法違反で甲府地検に告発した。

　関係者によると、住職は「敬慎院」の別当を勤めていた98年4月から3年間に、参拝者が払った祈とう料や供養料などのお布施を申告せず流用し、個人の所得としていた疑い。

　大半は個人の銀行口座に入れられていたという。お布施は非課税だが、住職が個人的に蓄財していたことから、国税局は住職の雑所得と認定したとみられる。

　私の知る限り、マルサ（国税局査察部）が本物の僧侶に強制調査を行ったのは「身延山宿坊事件」しかありません。

　映画「マルサの女」はマルサに勤務する女性査察官を主人公にして、マルサの活動を描いた作品です。「マルサの女2」では、宗教法人を隠れ蓑に巨額の脱税を働く地上げ屋や、その背後に潜む邪悪な権力者たちとマルサの攻防を描いています。伊丹十三監督の感性が、現在の宗教法人を隠れ蓑にした脱税を先取りしていた感もあります。

　「マルサの女2」に描かれた世界は、あくまでも宗教法人を隠れ

蓑にした脱税事件であって、本物の僧侶への強制調査ではありません。マルサでは宗教団体に対する強制調査を過去に数件行っていますが、いわゆるカルト集団的な教団の事件だったため、マルサ内部でも本物の住職への強制調査には相当の論議があったようです。

　私は当時マルサに在籍していましたが、一査察官として自分のターゲットを追う毎日でしたので、本物の住職の強制調査には強い衝撃を覚えた記憶があります。

　マルサという組織は班単位で内偵調査を行い、内部の者に対しても隠密行動をとっていますので、隣の部門が誰を追っているのかはわかりません。

　マルサの事務室でターゲットの資料を確認しているときでさえ、隣の部門の査察官が近くに寄ってくると、大きな音を立てて書類を閉じる習慣がありました。わざと大きな音をたてて書類を閉じ、班員に警戒音を発するのです。

　他部門の査察官でさえ寄せ付けない閉鎖性のため、私は近くの査察官が、本物の住職を追っているという事実を知りませんでした。

　私が「身延山宿坊事件」を知ったのは、強制調査の前日に行われる事件説明の後でした。私の所属する班は、この事件の応援部隊から外されていました。私の妻の実家が寺院だということは、マルサ内部では周知の事実だったため、強制調査のメンバーから外されたのかもしれません。

　「身延山宿坊事件」に着手するまで、マルサでは宗教法人の強制調査はタブー視されていました。宗教法人税制では、お布施など本来の宗教活動は非収益事業で、法人税の課税対象とはなりません。よって、たとえ住職がお布施を宗教法人会計に計上せず、個人的に蓄財していても、非課税の収入が漏れているだけで、漏れていた部分を宗教法人の収入に加算しても法人税の課税標準（所得）は増加しません。つまり、本来の宗教活動だけを行っている宗教法人には

法人税法違反は成立しないという見解です。

　一方、住職個人が搾取したお布施は元々宗教法人のものであるため、脱税発覚後に住職がお布施を寺院に返還すれば、所得税法違反も成立しません。よって身延山宿坊事件で「お布施は非課税だが、住職が個人的に蓄財していたことから、国税局は住職の雑所得と認定したとみられる」と書いたマスコミの記事は間違いだと思われます。

　身延山の宿坊では別当が３年で交代し、その間の宿坊の切り盛り一切が任されます。たとえ赤字になったとしても、その責任は別当に帰属するため、在職中の利益はすべてが個人に帰属する事業となることから、所得税法違反が成立する、との判断で強制調査が行われたのです。

　以上のように、宗教法人が本来の宗教活動を行っている場合、マルサが脱税で踏み込むことは非常に難しいことです。

　それにしても「身延山宿坊事件」の住職は、身延山からわざわざ東京の新宿まで出向いて、あちこちの銀行に仮名預金を散らばせていたというのですから、聖職者としての資質が疑われても仕方のない行為でした。

2 休眠宗教法人を使った脱税
——宗教法人がラブホテルを経営。14億円脱税

　長野など5県でラブホテルを実質的に経営している宗教法人が、関東信越国税局の税務調査を受け、08年2月期までの7年間で約14億円の所得隠しを指摘されていたことがわかった。宿泊料の一部を非課税の「お布施」と偽っていたという。重加算税を含めた追徴税額は約3億円に上るとみられる。

　関係者によると、同会は長野、群馬、新潟、岐阜、静岡の5県で23軒のラブホテルを実質的に経営。客から得た宿泊料や休憩料のうち約4割を「お布施」として売り上げから除外していたという。

　このうち長野市内にあるホテルでは、出入り口に観音像が建ち、「宗教法人○○○○」という看板が掲げられている。さらに入り口左側には「喜捨をお願いします」「世界の恵まれない子供たちに手を差し伸べ、少しでも多くの幼い命を救うために」などと記されたプレートもある。

　登記簿などによると、同会は83年設立。その後休眠状態となり、94年に長野県千曲市にある食品会社に買収された。

　脱税を指摘されたのは休眠状態だった宗教法人です。もちろん宗教法人に信者はいません。休眠宗教法人は全国で5,000件もあるといわれています。報道によれば、香川県の本部に職員の姿はなく、活動実態はなかったようです。

　しかし、宗教法人を所轄する県は、休眠状態の認識はなかったとし、宗教法人の売買については、宗教活動に関与できないので把握できないとしていました。

　宗教法人は「信教の自由と政教分離の原則を最大限に保障しなければならない」と宗教法人法で手厚く保護されているため、解散な

どの制度はありますが、関係者の協力がないと解散手続きを取るのは難しいとの見解です。

　そして、宗教法人の売買については、法の趣旨には反しますが、罰則規定はありません。そもそも、売買を想定していないとの理由からのようです。

　報道記事から調査内容の詳細を知ることはできませんが、ホテルチェーンの土地、建物がすべて宗教法人所有だった場合、固定資産税は非課税になっていた可能性もあります。

　宗教法人が本来の目的（宗教行事のため）で所有する建物、境内地は固定資産税が非課税扱いですが、ラブホテルが宗教法人の本来の目的に該当するはずはなく、固定資産税は非課税扱いとはならないはずです。

　問題は固定資産税にとどまらないということです。宗教法人名義の預金は、源泉所得税も非課税扱いです。低金利時代、庶民の預金には少ない利息に対して、否応なしに20.315％の源泉所得税が天引きされますが、宗教法人の預金の利息には源泉所得税がかかりません。

　ネットオークションなどには、宗教法人の売買とも思えるような出品がたくさんあります。税制上の優遇措置を受けている以上、それが悪用されないよう対策を求める声が出るのは当然のことです。

　また、宗教法人が結婚式場や墓地の開発、病院経営、レストラン経営などさまざまな分野に進出していますが、優遇税制によって、一般企業との競争で優位にたてます（第2章参照）。

　優位な立場を利用して事業を展開し、税制の優遇を受けている宗教法人の実態が、休眠法人を買い取っただけの偽りの宗教団体だったなら、いったい何のための優遇税制なのでしょうか？

　しかし、「ラブホテル事件」から、宗教団体の目的、宗教活動、公益法人とは何なのかが、改めて問われているような気がします。

　ラブホテルに立っていた観音様は、脱税対策のために建立された
のでしょうか？　せめて、ラブホテルにあった「世界の恵まれない
子供たちに手を差し伸べ、少しでも多くの幼い命を救うために」の
看板に偽りがなく、記載どおりに寄附が行われていたことを願わず
にはいられないのは、私だけでしょうか？

3 宗教法人の税務調査に対する マスコミ報道

1 日光東照宮など５億円の申告漏れ──国税指摘

> 世界遺産に登録されている日光東照宮（栃木県日光市）などを運営する３宗教法人が関東信越国税局の税務調査を受け、2009年までの５年間で計約５億円の申告漏れを指摘されたことがわかった。
>
> 過少申告加算税を含む追徴税額は１億円余という。申告漏れを指摘されたのは、いずれも日光市にある東照宮と二荒山神社、輪王寺の３宗教法人。
>
> 宗教法人は、お布施など公益事業による収入は原則非課税である一方、駐車場経営や物品販売などの収益事業による収入は申告する必要がある。しかし、３法人は、駐車場経営による売り上げなどを公益事業として計上し申告せず、このうち輪王寺は数珠や線香などの物品販売も公益事業として処理していたという。

　この報道に疑問を抱くのは私だけでしょうか？　表題では「日光東照宮など５億円の申告漏れ」と報じています。東照宮も二荒山神社も輪王寺も別々の宗教法人ではないのでしょうか？　別々の法人なら、なぜ「３社で５億円の申告漏れ」と報じなければならないのでしょうか？

　理由は明快です。「５億円の申告漏れ」という大きな見出しが欲しいだけです。実際に、この報道の反響でも明らかなように、ネット上には宗教法人に対する課税強化を求める声が溢れています。

　税務調査は基本的には外部の者には伝わらないはずです。国税関係の記事は、国税当局から国税担当記者へ発表されます。それでは国税当局が「３社で５億円の申告漏れ」と発表したのでしょうか？

国税に勤務した者として、その可能性は非常に低いと思っています。

なぜなら国税当局は、国税担当記者から「沈黙の艦隊」と呼ばれているように、非常に口が堅く、慎重な発表が多いからです。ある地域の宗教法人全体の調査結果として、追徴税額がどれだけあったとの報道ではなく、近くにある３宗教法人の結果だけをまとめて追徴税額がいくらあったといった報道には、不自然さを感じざるを得ません。

例えば、この記事を芸能界に当てはめたとします。ある芸能プロダクションの芸能人Ａさん、Ｂさん、Ｃさんを調査したら、５億円の申告漏れがみつかったという記事になります。

Ａさん、Ｂさん、Ｃさんの各々の脱税額はわからず、３人合計で５億円という内容の記事です。このとき、Ａさん、Ｂさん、Ｃさんが所属するプロダクションは、どういう反応をするでしょうか？

また、「３法人は、駐車場経営による売り上げなどを公益事業として計上し申告せず、このうち輪王寺は数珠や線香などの物品販売も公益事業として処理していた」という報道についても、疑問を感じざるを得ません。

記事を読んだ大多数の人は、３宗教法人が駐車場収入（駐車場業）や数珠や線香などの物品販売（物品販売業）の売上を除外していたように思うのではないでしょうか。税務調査に携わってきた者なら、法人の課税処理が５年分で終了し、加算税が過少申告加算税であった点から、悪質な脱税ではなかったと判断できます。

もちろん調査の詳細を知る立場にないので私の推測になりますが、３宗教法人は、駐車場収入や物品販売を正しく管理し、帳簿に収入として記帳していたはずです。ただ、宗教法人の区分経理を誤り、駐車場収入や物品販売収入を非収益事業の帳簿に記載していた結果、「この収入は収益事業だ」と指摘されたのではないでしょうか？

収益・非収益の事業区分は、専門家の税理士でも難しい作業です。

ロウソクやお守りは同じ物品でも、販売形態によって収益になったり非収益になったりします（第1章1⑤①参照）。駐車場の経営も、宗教法人が実際に管理運営していた場合は、駐車場収入として収益事業に計上しなければならないことは当然ですが、寺社周辺の土地を一括で貸付け、他人が駐車場として使っていた場合にも収益事業になります（第1章1⑤⑧参照）。

　私は3宗教法人の駐車場収入の申告漏れは、古くから周辺住民に農地などとして貸付けていた土地を住民が駐車場に転用したため、収益事業と指摘されたのではないか、と想定しています。

　過少申告加算税は、経理のうっかりミスなどに適用されるペナルティです。果たして、3宗教法人の調査結果が単なる区分経理の誤りだった場合、マスコミ報道に悪意を感じざるを得ません。

2　金閣・銀閣寺住職、2億円の申告漏れ──国税指摘

　金閣寺（鹿苑寺）と銀閣寺（慈照寺）の住職、臨済宗相国派管長が大阪国税局の税務調査を受け、2009年までの3年間で約2億円の所得の申告漏れを指摘されたことがわかった。

　美術品販売業者らの依頼で掛け軸などを書き、揮毫料（書画を書くことへの報酬）を寺院の会計に入れずに個人で受け取り、申告していなかったとされる。過少申告加算税を含む追徴税額は約1億円で、すでに修正申告したという。

　関係者によると、住職は京都や神戸などの美術品や茶道具の販売業者から頼まれ、「天翔来福寿」などの書を多数の掛け軸や茶道具に書いた。1点あたり3〜5万円程度、計約2億円を受領していたが、税務申告していなかったという。

　　宗教法人には税制の優遇措置があり、信仰心に基づいて寺社に納められる「志納金（しのう）」や「お布施」などは原則として非課税となる。国税局は書への報酬について検討した結果、住職が自ら代表役員を務める相国、金閣、銀閣３寺の各宗教法人の会計に入れず、個人として受け取ったと認定したとみられる。

　　住職は取材に対し、「揮毫料は志納金と考え、約20年前から申告していなかった。文化財を保護するために墨跡（禅宗の僧の書）などの購入に充て、個人的には使っていない」と話している。

　この記事にも多くの疑問を感じざるを得ません。第１に、個人の申告漏れの問題が、なぜ、大きく実名報道されなければならないのでしょうか？　記事によれば、調査は３年間で終了し、過少申告加算税が賦課されています。過少申告加算税の賦課は、単純な申告漏れだったという処分内容です。

　そもそも個人の脱税は、所得税法違反でマルサが告発した事件以外、原則として実名報道されないはずです。それなのに、なぜ単純な申告漏れが実名報道されるのでしょうか？

　公示制度（長者番付）は、当初の目的であった「第三者のチェックによる脱税牽制効果」の意義が薄れているという指摘や、公示対象者を狙った犯罪の助長になってしまっていること、そして個人情報保護法が全面施行されたことを受けて廃止されています。

　それなのに、なぜ、個人の修正申告内容の、しかも単純な申告漏れの記事が表に出たのでしょうか？　国税当局が本当にプレス発表したのでしょうか？

　もし、何らかの意図によってリークされた記事なら「宗教法人の優遇税制をなくす」意図を感じざるを得ない記事です。

　また、この事件については、課税処理についても疑問を感じています。「揮毫料は志納金と考え、約20年前から申告していなかっ

た」として、宗教法人でも住職個人でも申告していなかったことは、もちろん大問題です。

　しかし一方で、住職は「揮毫料は……文化財を保護するために墨跡（禅宗の僧の書）などの購入に充て、個人的には使っていない」と話しています。一部の報道では、墨跡などは、承天閣美術館（相国寺の美術館）に収蔵していたとありました。

　これらの報道が事実でしたら、揮毫料はすべて美術館の資産となっていたことになります。つまり、本当は相国寺の収入であるが、経理上はお布施として処理（非課税）をしていたのではないでしょうか？　もし、住職が個人的な書家としての立場ではなく、相国寺派管長としての立場で揮毫の依頼を受けていたとしたら、揮毫料の帰属は宗教法人となる可能性があります。

　20年間も申告していなかった揮毫料を、僅か3年の課税処理で終了しています。しかも過少申告加算税で調査を終了しているということは、うっかりミスだったということで、単なる申告漏れの問題です。

　宗教法人の収入である揮毫料を相国寺の収益事業会計に入れず、お布施として非収益事業としていたなら単純なミスです。よって、揮毫料で買った墨跡などが美術館に所蔵されていたのではないか？

　報道によれば、3年間で漏れていた金額は約2億円です。2億円もの申告漏れが「うっかりミス」で済むはずはありません。以上のような観点から、かつて調査に携わった人間として、揮毫料を住職個人の収入とした課税処理に大きな疑問を感じざるを得ません。

　これらの事実から見えてくる調査の実態は、揮毫料の帰属は本当は宗教法人の収入だったのではないか？　ということです。揮毫料がお布施と認定されることはありませんから、宗教法人で修正申告をしなければなりませんが、法人の過少申告加算税は5年間賦課されます。

第3章

　しかし、当時の所得税法では、過少申告加算税の賦課は3年間でした。宗教法人で修正申告するよりも、住職個人で修正申告した方が納める税金が少なかったのではないか？　そして、宗教法人による多額の修正申告ならマスコミへの公表は避けられません。

　このような理由から、住職個人の課税処理で終わらせることで、国税当局と住職側が合意したのではないでしょうか？

　しかし、宗教法人に対する課税実務を知らない誰かがリークして、マスコミがそれに飛びつき、住職個人の顔までテレビ報道したのではないでしょうか？　想定の域をでませんが、大きな疑問の残る課税処理です。

3　成田山新勝寺、1億円の申告漏れ──国税指摘

　成田山新勝寺（千葉県成田市）が東京国税局の税務調査で、2011年3月期までの5年間で約1億円の申告漏れを指摘されたことがわかった。税金のかからない宗教活動として提供した精進料理の材料費などを、収益事業の経費に計上していたという。過少申告加算税を含む追徴税額は約2,100万円だった。

　関係者によると、新勝寺は収益事業として、希望する参拝者に精進料理を1人前1千円で提供し、同じ精進料理を宗教活動の特別大護摩の法要（3万円以上）を受けた参拝者には無料で提供していた。精進料理の材料費や人件費は、宗教活動分も含めて収益事業の経費になっていたため、課税対象所得が過少になっていたようだ。

　宗教法人は法人税法上の優遇措置があり、物品販売業や料理店業などの収益事業は課税対象になるが、お布施などの宗教活動は非収益事業として収入に税金がかからない。

　記事の見出しを見ると申告漏れ額が1億円もあって、一見、衝撃的ですが、この事案は単なる区分経理の誤りで、実際にはよくあるケースです。

　新勝寺側は収益、非収益の区分を理解し、特別護摩法要の参拝者への精進料理は無料（祈禱料の一部）で提供し、その他の希望者には有料（料理店＝収益事業）で提供して区分経理していたのでしょう。

　しかし、その原価（材料費、水道光熱費、人件費など）のすべてが収益事業の経費になっていたため、提供した精進料理の数によって収益事業（料理店）にかかった原価と、非収益事業にかかった原価（護摩法要）に按分計算するよう指摘されたのだと思われます。

　それにしても、単なる経費の区分誤りで実名報道になるのですから、宗教法人の申告漏れに対して、国税、マスコミともに厳しい姿勢で対応していることがよくわかります。

4　曹洞宗大本山に追徴課税千数百万円──国税指摘

　国内最大級の仏教系宗教法人「曹洞宗」では、一般の僧侶らが大本山の高僧に会いに行く際、高額な「お気持ち」（献上金）を持参するのが習わしになっている。大本山總持寺（横浜市鶴見区）のトップが4年間で計4千数百万円の献上金を個人的に使うなどしていたところ、東京国税局から「いったん總持寺の会計に入れた上で、給料としてもらうべきだった」と指摘された。源泉所得税の徴収漏れで、總持寺が納めた追徴税額は千数百万円。宗教界に横たわる不明朗税務の一端が浮かび上がった。

（2016年2月）

　国税は「貫主らへの献上金は法人の収入」と指摘し、高僧らの献上金のうち個人で使ったと判断した金額について給与と認定して源泉所得税を追徴課税しました。一般社会ではあり得ないような行為が依然として行われているようです。もしこのような行為があった場合には、国税の指摘は当然で、コメントのしようもありません。

4 税務調査の現場から
──宗教法人の税務調査

　　大阪や京都にある約1,400の宗教法人を大阪国税局が税務調査したところ、6割で源泉所得税の徴収漏れがあったことがわかった。非課税のお布施などを私的流用する不正も見つかり、同国税局は2008年6月までの3年間で、重加算税を含む計約7億8,800万円を追徴課税した。

　　関係者によると、調査した1,476法人のうち925法人で課税漏れが見つかった。212法人では、法人税が非課税となるお布施を、私的な使途に充てるなどのケースが判明。国税局はこれらを給与所得とみなし、不正な経理処理だったとして重加算税の対象とした。

　2009年2月、宗教法人の調査結果を報じた記事です。その後も、僧侶派遣をしている葬儀会社や墓地開発業者の多額の脱税記事など、宗教法人に関連する脱税の記事が後を絶ちません。

　このようにさまざまな宗教法人の脱税事件がマスコミによって報道されています。国家財政が逼迫するなか、優遇税制を受けている法人を見直すべきだという議論が持ち上がることは容易に想像できます。大阪国税局の調査結果を受けて、全国の国税局が宗教法人を税務調査するよう指示を出し、東京国税局や関東信越国税局管内の**税務署では積極的に寺院にメスを入れ始めている**ようです。

　税理士として税務調査に立ち会った経験から、**寺院側の会計意識の低さに驚かされることも多く**、修正申告に応じざるを得ない状況が続いています。税務署は寺院会計を把握し、寺院実務を十分に理解し、資料を持って調査に入ってきます。

1 源泉所得税の調査

　税務署は寺院に対して、**源泉所得税の確認から調査に入ってきます**。税務署に申告する必要のない小規模な寺院でも、住職に対する給与や、従事者の給与などに対する源泉所得税の徴収義務があるため、源泉所得税が正しく納付されているかどうかを確認しに来るのです。

　よって寺院から支払われた人件費に対する調査が中心となり、住職や従事者の給与、施餓鬼のお手伝いさんの雑給に対する源泉所得税がチェックされるのです。

　よく指摘されるケースは、行事の従事者に支払う雑給です。「昔から手伝いのおばさんに、お礼として1万円を包みます」といって、10人のおばさんに1万円ずつ支払っているとします。「寺院の経理は雑給で10万円」。これではダメです。

　日当1万円の給与**を支払うには、源泉所得税を徴収してから支払わなければなりません**。おばさんたちに1万円を渡すには、1人10,027円を支給して、源泉所得税27円を税務署に納めなければなりません（『令和4年分　源泉徴収税額表』日額表：丙欄給与。本書第4章7参照）。寺院の経理は10人分で雑給100,270円となります。「助法のお坊さん（個人）に5万円を渡しました」となると、源泉所得税の徴収額が9,405円にもなるので大変です。

2 寺院本体の調査

　源泉所得税の調査は入口です。給与や雑給の源泉所得税を把握するには、寺院の帳簿を見なければなりません。ここからが調査の本番となります。税務職員は調査のプロです。寺院は普通の会社に比

べて経理を熟知した職員も少なく、杜撰な経理が多く見受けられます。

① 葬儀のお布施について

　特に寺院の収入には、お布施や車代、御膳料などの現金収入が多く、正しく現金管理をしなければ、記帳漏れが多くなります。

　税務署はすべてを知っています。葬儀社は、喪主に「お寺さんに対して失礼のないように、お布施、車代、御膳料を別に包んでください」といっています。支払った方はすべてをお布施と思っているので、相続税の申告には支払ったお布施の総額を記載します。

　ところが、もらった住職の認識が極めて低い場合があります。ある住職は「御膳料は、俺が後席に着かなかったためにもらった金だ。席に着いて食べていれば、俺の腹に入っていたはずの金だから俺の金」と主張して、調査官に失笑されていました。もちろん、車代も「俺が運転したのだから俺の金」と主張しましたが、聞き入れられる訳はありません。

　税法では「名目を問わずもらったものは収入」と規定していて、社会の常識でもそのはずです。寺院に入った収入は、お賽銭も、付け届けも、掃除料もすべて寺院の収入です。**住職個人がもらえるお金は寺院から支払われる給与だけ**です。

　結局、このケースでは、悪質な収入除外と認定され、重加算税の賦課によって７年間（租税時効の限界）まで遡って源泉所得税を追加徴収されました。漏れていたお布施を住職のもらっている給料に加算して、源泉所得税を再計算して追徴するのです。もちろん自分が懐に入れたお金のため、住職個人に税金を支払ってもらいました。

② 塔婆料について

　塔婆料は最も把握しやすい収入の1つです。墓地を見れば、塔婆がいつ建立されたかがわかります。サンプルに塔婆の日付を書き取って帳簿を調べれば、法事の有無、塔婆料の計上の有無までわかります。

　塔婆の仕入先から年間の仕入本数がわかります。塔婆料として1本5,000円をもらっている寺院が年間3,000本の塔婆を仕入れていれば、在庫数と照らし合わせると、塔婆料の総額はすぐに判明します。大数観察といって、税務署の最も得意な調査手法の1つです。日頃から繁華街の飲食店を相手に推計計算をしている税務署にとって、雑作もないことです。

③ 年回忌法要について

　過去帳を確認して、葬儀、四十九日、一周忌の有無をチェックする手法もあります。

　一覧表にすると、不自然な状況が浮かび上がってきます。葬儀がないのに四十九日だけがある。反対に、葬儀があっても四十九日はない、一周忌もない。

　法事は施主の意向によって行われますので、一覧表がきれいに埋まることはありませんが、日頃から「一周忌くらいはやってあげなさい」と檀家さんに言っているのではないのでしょうか？

　一覧表にすると、法事のない理由は寺院側でもわかるはずです。しっかりした寺院では、一覧表を作って回忌通知を出しているくらいです。税務署が同じ作業をして、収入除外の証拠を突きつけてくるのです。

　過去帳を見せないお寺もあるようです。ある住職は「個人情報保護法だ」と主張していましたが、塔婆や相続税の資料から税務署に

攻め込まれ、結局、真実の帳簿を提出せざるを得なくなってしまいました。

　過去帳は寺院の収入に直結する重要帳簿です。**堂々と見せることができる経理をしておいて欲しい**と思います。税務署は過去帳をコピーなどしません。さらりと確認して、会計帳簿にお布施が適切に反映されているかを見ているだけです。**隠そうとするから税務署も疑ってくるのです。**

④ 反面調査とは

　お布施の計上漏れが濃厚になれば、檀家さんの反面調査を行うこともあります。

　反面調査とは、ターゲットから真実の話が聞けない場合などに、税務署が取引先に出向いて行う調査です。こんなことをされたら、お寺の会計の杜撰さが、檀家全体に知れ渡ることになります。

⑤ お布施を抜くのは横領です

　税務調査を早く終了するには、税務署の確認したい書類を堂々と見せることが一番重要です。重要な点は、**すべての収入を正しく帳簿に載せていれば、本来の宗教活動であれば非課税**だという点です。非課税の収入をどうして抜かなければならないのでしょうか？

　理由は２つに絞られます。１つは、会計知識の不足や習慣からです。非課税であるのに寺院会計から除外すると、住職の給与と認定されて重加算税の対象となる場合もあります。税理士として調査に立ち会っていると、何のためにお布施を抜いているのか理解に苦しむことも多いです。

　もう１つは、聖職者としての「俗の部分」が抜けきれていない結

果だと思われます。ある住職は「どうせ税務署になんて見つかりっこない」と自慢していました。確かに、お布施は現金で授受され、税務調査では発見しにくい取引です。

　しかし、**宗教法人が得る収入は、すべてが、檀信徒、信者の資産**です。**代表役員**である住職や宮司**は、それを管理しているに過ぎません**。管理資産を適切なところに使って、残余資産は翌事業年度に正しく繰り越し、寺院を未来永劫存続させる役目を担っているはずです。その**檀信徒、信者の資産を宗教法人の会計に入れず、個人的に費消する行為は、横領**の問題ともなりかねません。税務署はやさしいので、横領とはいわずに住職の給与に加算して不足分の税金を徴収するだけです。

　寺院設備にも調査のメスが入っています。檀家さんが決して見ることができない場所に作った庭や、住職の趣味で作った茶室、なかにはピアノを習う子供のために作った防音室もありました。

　税務署は会計帳簿を確認して多額の修繕費や工事費を見つけ出し、工事の詳細を確認するため請求書や見積書の提出を求めてきます。

　税務署の指摘は「趣味は住職の個人的なお金でやってください」ということです。そして、個人的な支出は住職の給与と認定してきます。調査の現場から見えてくる現実は、**一般企業では当たり前のことが宗教法人ではできていない**ということです。そして、調査結果が再びマスコミに公表されることになります。

ポイント！

◆本来の宗教活動だけをしている宗教法人には法人税法違反は成立せず、マルサの強制調査はありません。

◆宗教法人の優遇税制をなくそうという意図を感じる報道が増えています。

◆税理士として、寺院の会計意識の低さに驚かされることがしばしばあります。

◆税務署は源泉所得税の確認から税務調査に入ってきます。

◆住職個人がもらえるお金は寺院から支払われる給与だけです。

◆税務調査を早く終わらせるには税務署が確認したい書類を堂々と見せることです。

◆お布施などを寺院会計に入れずに住職個人がもらうのは、世間では横領です。

第3章

第4章
源泉徴収事務

1 源泉徴収事務は宗教法人税務の中心

　宗教法人は本来の宗教活動をしている限り、**原則的には非課税**です。よって、多くの寺院では、源泉徴収事務だけをしっかりしておけば、税務調査もあまり気にする必要はありません。

　ここでは、源泉徴収事務をできるだけやさしく解説します。さらに詳しく知りたい人は、国税庁の作成している『宗教法人の税務』や『源泉徴収のあらまし』をご覧ください。いずれも国税庁のホームページ（https://www.nta.go.jp/）から無料で入手できます。

2 宗教法人も源泉徴収義務者

　源泉徴収制度とは、給与や報酬・料金などを支払う者が、支払の際に一定の所得税を徴収して国に納付する制度です。この所得税を源泉徴収して、国に納付する義務のある人を「源泉徴収義務者」といいます。

　会社や官公庁はもちろん、学校や個人商店も源泉徴収義務者となります。よって、宗教法人も、住職や宮司や職員に給与を支払う場合や、税理士や弁護士に報酬を支払う場合などに、源泉徴収をして税務署に納めなければなりません。

　税務署の宗教法人に対する調査は、基本的に源泉徴収が正しく行われているかの確認です。よって、調査には源泉所得税担当の調査官がきます。

　税務調査でよく問題になっているのは、施餓鬼のお手伝いさんに払った雑給や助法僧に支払ったお布施です。施餓鬼のお手伝いさんへのお礼は、源泉徴収してから支払っていますか？　施餓鬼の助法僧に支払ったお布施も、お坊さん個人に払ったのであれば源泉徴収の対象になります。

　寺院への支払であれば、宗教法人への支払となりますので、源泉徴収の対象にはなりません。これは、そのお坊さんが自分の寺院（宗教法人）の活動の一部としてお礼を受け取るからです。**源泉徴収は支払う相手があくまで個人のときに限られます。**

　現金で支払う場合には、法人・個人に限らず、**必ず領収書を受け取る習慣をつけましょう。**買い物をするときにレシートを受け取るのと同じです。

3 宗教法人の会計と住職個人の家計は明確な区分が必要

区分

法人の収入 　　　　　　　個人の収入

　会計処理を正しく行うためには、日頃から**宗教法人のお金と住職個人のお金を明確に区分**しておくことが必要です。

　住職や職員の給与は一定の額に定め、毎月一定の日に支給することが必要です。その意味では、**住職もサラリーマンとして寺院から給料**（役員報酬）**をもらう**ことになります。

　法人と個人のお金について、ここで少し考えてみましょう。例えば、会社の営業マンが取引先から集金し、回収した売上金で食事をして会社に帰り、差額を経理に渡したとします。これでは会社のお金を使い込んだことになります。この社員は上司から大目玉を食らい、使い込んだ分を即刻弁償するよう求められ、相当なペナルティーを科せられることでしょう。社内での信用もガタ落ちです。

　寺院でも一緒です。**お布施などは宗教法人の収入**です。住職や職員がもらえるのは、法人から支給される給与だけです。檀家さんから「これは住職へ」といわれて渡されたお布施も、寺院の収入としなければいけません。

　そもそも、公益法人等だからこそ、第2章で述べたような優遇税

制が受けられるのです。**本来の宗教活動をしていても、個人ならすべて課税**となります。

〈寺院と住職個人を区分するポイント〉

① 　**宗教活動による収入や、宗教法人の資産から生まれる収入**（地代収入や利息収入）**は、すべて宗教法人の収入**になります。

　　このため、布施収入、奉納金、会費、献金、寄附金、雑収入のすべてが宗教法人の収入として会計帳簿に記載されなければなりません。

　　ポイントは「**名目を問わず**」です。葬儀の際に車代、御膳料などが別々に包んであっても、**すべてがお布施**の一部です。

② 　宗教活動による支出や宗教法人の資産の維持、管理に要する支出はすべてが経費となります。そのうち、住職などに対する**給与については、支払う際に源泉徴収が必要**になります。**給与には**、金銭で支払われる給与や賞与のほか、**物による現物支給も含まれます。**

　　なお、前述（第3章4❷参照）のように、**寺院会計に計上すべきお布施などを住職が使ってしまった場合**、給与の支払があったものとして、**源泉所得税の追加徴収**が行われます。

③ 　財産も宗教法人の財産と、住職個人の財産を明確に区分しておく必要があります。

4 実例で解説！
── 源泉徴収税額の求め方

　給与から源泉所得税を徴収する場合、「給与所得の源泉徴収税額表」を使用して求めます。住職などに給与の支払がある宗教法人は、「給与支払事務所の開設届」を税務署に提出すると、源泉徴収の関係書類が送付されてきます。

　なお、**『源泉徴収税額表』は**税制改正によって変更がありますので注意が必要です。**必ず最新のものを使ってください。**近くの税務署でももらえますし、国税庁のホームページ（https://www.nta.go.jp/）からも無料で入手できます。本書の記載例は『令和４年分　源泉徴収税額表』です。

1　税額表の適用

　「給与所得の源泉徴収税額表」は「月額表」「日額表」および「賞与に対する源泉徴収税額の算出率の表」に分かれています。

　また、それぞれの税額表は「甲」欄と「乙」欄、日額表はさらに「丙」欄に分かれています。主な支給区分を次のページの「税額表対応表」に当てはめて適用します。

税額表対応表

給与の支給区分	使用する税額表	扶養控除等申告書の提出の有無	使用する欄	本章での説明箇所
月額支給の給与 （住職や従業員の給与）	月額表	提出あり	甲欄	5 ❶❷
		提出なし	乙欄	5 ❸
賞　　　　与 （従業員などの賞与）	賞与に対する源泉徴収税額の算出率の表	提出あり	甲欄	6
		提出なし	乙欄	
日雇い（日払い）給与 （施餓鬼や行事の手伝いさんへのお礼）	日額表	（提出不要）	丙欄	7

（注）1　給与の支払を受ける人は、毎年最初の給与を受け取る前に「給与所得者の扶養控除等（異動）申告書」（次ページ参照）を支払者に提出します。

　　　　２カ所以上から給与を受け取る場合、メインの給与を「**主たる給与**」と呼び、甲欄（低い税率）を適用して源泉徴収をします。

　　　　また、メインの給与以外を「**従たる給与**」と呼び、乙欄（高い税率）を適用して源泉徴収をします。なお、２カ所から給与のある人は、確定申告をします。

（注）2　マイナンバー制度の導入によって、「給与所得者の扶養控除等（異動）申告書」に給与の支払者の法人(個人)番号およびあなたの個人番号（給与受給者）を記載する欄が追加されています。

給与所得者の扶養控除等（異動）申告書

（国税庁ホームページより）

第4章

令和4年分 給与所得者の扶養控除等（異動）申告書

2　「従たる給与」の具体例

　宗教法人の住職や宮司のなかには、学校や市区町村に勤務しながら宗教活動をする人も少なくありません。特にこれからの時代には、寺院以外からの収入が必要となるケースが増え、副業を持つ住職が多くなると思われます。

　主たる給与（扶養控除等申告書の提出あり）**は甲欄で源泉徴収、従たる給与**（扶養控除等申告書の提出なし）**は乙欄で源泉徴収**することをしっかり覚えましょう。

　また、税務調査があると、形式的な基準で判断されます。**主たる給与で甲欄を適用するには、毎年正しく扶養控除等申告書を提出**することが求められます。

　副業を持つ人が他の勤務先に「給与所得者の扶養控除等（異動）申告書」を提出している場合、宗教法人が支払う給与は「従たる給与」になり、税額表の「乙」欄を適用して源泉徴収をします。

主たる給与＝甲欄　　　　　従たる給与＝乙欄

5 給与の源泉徴収税額の計算方法

厚生年金、加入逃れ阻止　政府　納税情報で特定
（2014年7月4日　日本経済新聞　より）

　政府は厚生年金に入っていない中小零細企業など約80万社（事業所）を来年度から特定し加入させる方針だ。国税庁が保有する企業情報をもとに厚生年金に加入していない企業を調べ、日本年金機構が加入を求める。応じない場合は法的措置で強制加入させる。加入逃れを放置すれば、きちんと保険料を払っている企業や働く人の不満が強まり、年金への信頼が揺らぎかねないと判断した。

　この記事を読んで**「うちは大丈夫。国民年金と国民健康保険に入っているから！」と思ったら、社会からの隔絶を認識**してください。常時従業員を使用する法人事務所（宗教法人を含む）は社会保険（健康保険・厚生年金）に加入しなければならないと定めています。

　簡単に説明すれば、宗教法人に従事者（住職を含む）がいて給与を支払っていれば（兼務住職や兼業で、従たる給与の場合を除く）、社会保険に加入しなければならないということです。

　保険料は寺院と従事者が折半しますので、寺院の経費（法定福利費）が増えて住職個人の負担金が減ります。つまり、区分経理が正しくできていれば、保険料や配偶者の収入状況にもよりますが、基本的に住職の家計が潤う計算になります。

　しかし、「手続きが面倒くさい。先代からずっと国民年金、国民健康保険だ」などの理由で、未加入の寺院も多いのが実情です。今後は政府が本腰を上げて、強制的に加入手続きをとるようです。

　確かに全日本仏教会が主張するように、生涯現役である住職という仕事は他に受け取る給料があると支給額が減らされる現行の厚生年金の制度に合わないとの考え方は、理解できないこともありません。

　しかし、現在でも中小企業のオーナーの多くは生涯現役で働いていて、住職だけが特別ということではありません。

　そして大きな問題は、**厚生年金に加入していなかったために資金的に住職の座にしがみつかざるを得ない**ケースも少なくないという事実です。

　寺院を取り巻く環境が大きく変化して、安穏としていられる時代は終わりました。厚生年金への加入でゆとりある年金をもらい、後進に道を譲る。このことが変化の激しい時代でも、寺院を存続させる道に繋がっていくのではないでしょうか。

　社会保険に未加入の寺院は早急に加入手続きをとることをお勧めします。加入手続きについては、日本年金機構（https://www.nenkin.go.jp/）の事務所か社会保険労務士にご相談ください。ていねいに教えてくれます。

　ただ、現状では国民年金と国民健康保険に加入している寺院が多いと思われますので、本書では国民年金と国民健康保険の場合の例も併記しておきます。

　2021年10月、ついに日本年金機構が「宗教法人の厚生年金保険・健康保険の加入状況調査」を開始しました。調査目的は実情の把握とされていますが、いずれ加入になることは避けられないと思います。「寺の4割が年収300万円以下！　困窮寺院が「厚生年金」を駆け込み寺にすべき理由」（『ダイヤモンド・オンライン』2021年4月18日）で、厚生年金に加入した場合の保険料増加額と年金受給額のシミュレーション（寄稿時の参考計表による）をしています。**加入は損と思っている人はご一読ください。**［第3版追記］

1 主たる給与（甲欄適用、社会保険料等あり）

〔設例〕 A住職の月額給与 414,000円（残業手当なし）

① 給与の額から控除する社会保険料等57,604円。

② 住職には妻（収入なし）と控除対象の子供2人がいます。

③「給与所得者の扶養控除等（異動）申告書」の提出あり。

月額表1

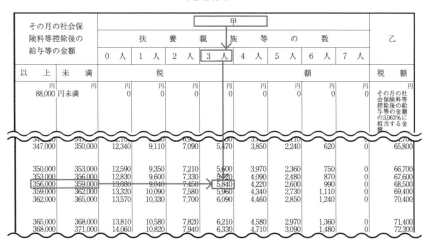

その月の社会保険料等控除後の給与等の金額		甲								乙
		扶 養 親 族 等 の 数								
以 上	未 満	0 人	1 人	2 人	3 人	4 人	5 人	6 人	7 人	税 額
		税				額				
円 88,000円未満	円	円 0	円 0	円 0	円 0	円 0	円 0	円 0	円 0	その月の社会保険料等控除後の給与等の金額の3.063％に相当する金額
347,000	350,000	12,340	9,110	7,090	5,470	3,850	2,240	620	0	65,800
350,000	353,000	12,590	9,350	7,210	5,600	3,970	2,360	750	0	66,700
353,000	356,000	12,830	9,600	7,330	5,720	4,090	2,480	870	0	67,600
356,000	359,000	13,080	9,840	7,450	5,840	4,220	2,600	990	0	68,500
359,000	362,000	13,320	10,090	7,580	5,960	4,340	2,730	1,110	0	69,400
362,000	365,000	13,570	10,330	7,700	6,090	4,460	2,850	1,240	0	70,400
365,000	368,000	13,810	10,580	7,820	6,210	4,580	2,970	1,360	0	71,400
368,000	371,000	14,060	10,820	7,940	6,330	4,710	3,090	1,480	0	72,300

手順1 『源泉徴収税額表』の「月額表」を使います。A住職の給与から社会保険料等を引いた額を求めます。設例では 414,000 − 57,604=356,396円となります。

手順2 「その月の社会保険料等控除後の給与等の金額」の甲欄から、356,396円の該当する箇所を見つけます。

手順3　設例では妻（収入なし）と子供２人がいますので、「扶養親族等の数」は３人です。求める源泉徴収税額は「356,000円以上 359,000円未満」と「扶養親族等の数」３人の欄の交わるところとなり、5,840円になります。

　　よって、Ａ　住職へ支払う給与は 356,396円から 5,840円を差し引いた 350,556円になります。

　　年の途中で給与の変更がなければ、毎月 5,840円を税務署に納めて、年末調整で年税額を精算します。

手順4　「扶養親族等の数」とは、控除対象配偶者と控除対象扶養親族の合計数です。控除対象扶養親族とは、扶養親族のうち 16歳以上の人ですので、16歳未満の扶養親族は「扶養親族等の数」には加えません。

　なお、住職の給与は税法上、役員報酬です。収益事業を行っている宗教法人は、役員報酬を事業年度の途中で変更することや役員賞与の支給が制限されますので、注意が必要です。詳しくは税務署や税理士にお尋ねください。

　また、扶養親族の詳細については次の「扶養親族等の数の求め方の例示（簡易判定）」をご覧ください。

［扶養親族等の数の求め方の例示（簡易判定）］

　一般的な家庭のケースを次のページに例示しました。しかし、家族の形態はさまざまです。ひとり親や家族に障害を持つ人がいる場合などで、例示したケースに当てはまらない場合には、税務署または税理士にお尋ねください。

（凡例）　住 住職　　　　　　　　　　配 配偶者

　　　　 控扶 控除対象扶養親族（扶養親族　　　扶 扶養親族のうち年齢16歳未満の人
　　　　　　　 のうち年齢16歳以上の人）　　　　　（注）扶養親族等の数には加算しません。

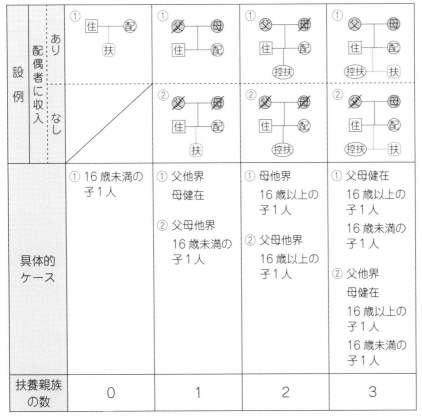

第4章

（注）1　住職の合計所得金額が900万円以下のケースで例示しています。900万円を超える場合は、税務署または税理士にお尋ねください。

（注）2　「配偶者に収入あり」は配偶者の合計所得金額（見積）が95万円（給与収入なら150万円）を超える者とし、「配偶者に収入なし」は合計所得金額が48万円以下であることを表します。

（注）3　「扶養親族」とは生計を一にする合計所得金額（見積）が48万円（給与収入なら103万円）以下の者です。

（注）4　設例の父・母は収入がない者としています。

2　主たる給与（甲欄適用、社会保険料等なし）

〔設例〕　A住職の月額給与　500,000円

① 住職には妻（収入なし）と控除対象の子供2人がいます。

② 「給与所得者の扶養控除等（異動）申告書」の提出あり。

③ 国民健康保険と国民年金に加入しています。

月額表2

その月の社会保険料等控除後の給与等の金額		甲　扶養親族等の数								乙
以 上	未 満	0 人	1 人	2 人	3 人	4 人	5 人	6 人	7 人	税 額
		税			額					税 額
円	円	円	円	円	円	円	円	円	円	円
440,000	443,000	20,090	16,700	13,470	10,240	7,650	6,030	4,420	2,800	105,000
443,000	446,000	20,580	16,950	13,710	10,490	7,770	6,160	4,540	2,920	106,600
446,000	449,000	21,070	17,190	13,960	10,730	7,890	6,280	4,670	3,040	108,100
449,000	452,000	21,560	17,440	14,200	10,980	8,010	6,400	4,790	3,170	109,700
452,000	455,000	22,050	17,680	14,450	11,220	8,140	6,520	4,910	3,290	111,300
485,000	488,000	27,440	20,980	17,140	13,920	10,680	7,870	6,260	4,640	128,500
488,000	491,000	27,930	21,470	17,390	14,160	10,920	7,990	6,380	4,760	130,200
491,000	494,000	28,420	21,960	17,630	14,410	11,170	8,120	6,500	4,880	131,700
494,000	497,000	28,910	22,450	17,880	14,650	11,410	8,240	6,630	5,000	133,300
497,000	500,000	29,400	22,940	18,120	14,900	11,660	8,420	6,750	5,130	134,900
500,000	503,000	29,890	23,430	18,370	15,140	11,900	8,670	6,870	5,250	136,400
503,000	506,000	30,380	23,920	18,610	15,390	12,150	8,910	6,990	5,370	138,100
506,000	509,000	30,880	24,410	18,860	15,630	12,390	9,160	7,120	5,490	139,900
509,000	512,000	31,370	24,900	19,100	15,880	12,640	9,400	7,240	5,620	141,500
512,000	515,000	31,860	25,390	19,350	16,120	12,890	9,650	7,360	5,740	143,200

手順1　『源泉徴収税額表』の「月額表」を使います。

手順2　「その月の社会保険料等控除後の給与等の金額」欄から、500,000円の該当する箇所を見つけます。**国民健康保険や国民年金の支払は**毎月ではありません。支払った月で源泉所得税を算出すると煩雑になりますので、**年末調整で一括精算**します。

手順3 設例では妻（収入なし）と子供2人がいますので、「扶養親族等の数」は3人です。求める源泉徴収税額は「500,000円以上503,000円未満」と「扶養親族等の数」3人の欄の交わるところとなり、15,140円になります。

よって、A住職へ支払う給与は500,000円から15,140円を差し引いた484,860円となります。

給与の変更がなければ、毎月15,140円を税務署に納めると、**年末調整で納めすぎた税金が戻ってきます。**

3 従たる給与（乙欄適用）

〔設例〕 B住職の月額給与 200,000円（学校教師の兼業）

① 社会保険料等は勤務する学校で支払っています。

②「給与所得者の扶養控除等（異動）申告書」の提出なし（学校に提出済み）。

月額表3

その月の社会保険料等控除後の給与等の金額		甲								乙
		扶 養 親 族 等 の 数								
		0 人	1 人	2 人	3 人	4 人	5 人	6 人	7 人	
以 上	未 満	税					額			税 額
円	円	円	円	円	円	円	円	円	円	円
167,000	169,000	3,620	2,000	390	0	0	0	0	0	11,400
169,000	171,000	3,700	2,070	460	0	0	0	0	0	11,700
171,000	173,000	3,770	2,140	530	0	0	0	0	0	12,000
173,000	175,000	3,840	2,220	600	0	0	0	0	0	12,400
175,000	177,000	3,910	2,290	670	0	0	0	0	0	12,700
197,000	199,000	4,700	3,070	1,460	0	0	0	0	0	20,200
199,000	201,000	4,770	3,140	1,530	0	0	0	0	0	20,900
201,000	203,000	4,840	3,220	1,600	0	0	0	0	0	21,500
203,000	205,000	4,910	3,290	1,670	0	0	0	0	0	22,200
205,000	207,000	4,980	3,360	1,750	130	0	0	0	0	22,700

手順 1　　『源泉徴収税額表』の「月額表」を使います。

手順 2　　「その月の社会保険料等控除後の金額」欄から、
200,000円の該当する箇所を見つけます。

手順 3　　求める源泉徴収税額は、「199,000円以上201,000円
未満」と乙欄の交わるところとなり、20,900円になります。
寺院給与に変更がなければ、毎月この税額を税務署に納め
ます。

　　乙欄給与は年末調整ができませんので、Ｂ住職は学校と
寺院からの**給与を合わせて、確定申告をします。**

6 賞与の源泉徴収税額の計算方法

1 社会保険料等あり

〔設例〕 C寺院の職員Dの 前月分給与 200,820円（社会保険料等控除後）
賞与支給額 554,000円

① 賞与の額から控除する社会保険料等 77,809円
② 職員Dには妻（収入なし）と控除対象の子供1人がいます。
③「給与所得者の扶養控除等（異動）申告書」の提出あり。

賞与に対する源泉徴収税額の算出率の表1

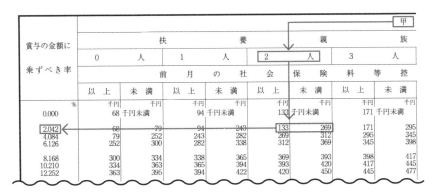

賞与の金額に 乗ずべき率	扶　養　　　　　親　　　　族								甲
	0 人		1 人		2 人		3 人	
	前　月　の　社　会　保　険　料　等　控							
	以 上	未 満	以 上	未 満	以 上	未 満	以 上	未 満
%	千円	千円	千円	千円	千円	千円	千円	千円
0.000	68 千円未満		94 千円未満		133 千円未満		171 千円未満	
2.042	68	79	94	243	133	269	171	295
4.084	79	252	243	282	269	312	295	345
6.126	252	300	282	338	312	369	345	398
8.168	300	334	338	365	369	393	398	417
10.210	334	363	365	394	393	420	417	445
12.252	363	395	394	422	420	450	445	477

手順1 『源泉徴収税額表』の「賞与に対する源泉徴収税額の算
出率の表」を使います。D職員の賞与から社会保険料等を
引いた額を求めます。設例では、554,000 − 77,809 ＝
476,191 円となります。

手順 2　　算出率表の「甲」欄により、「扶養親族等の数」が「2人」の欄で、「前月の社会保険料等控除後の給与等の金額」（前月の給与であって、今回の賞与支給額ではない）が 200,820 円の欄を見つけます（133 千円以上、269 千円未満）。その行と「賞与の金額に乗ずべき率」欄との交わるところに記載された「2.042%」が、支給する賞与に掛ける率です。

　　よって、社会保険料等控除後の賞与 476,191 円 ×2.042％＝ 9,723 円（1 円未満端数切捨て）が源泉徴収する税額です。

2　社会保険料等なし

〔設例〕　Ｃ寺院の職員Ｄの　前月分給与　300,000 円
　　　　　　　　　　　　　　　賞与支給額　400,000 円

① 職員Ｄには妻（収入なし）と控除対象の子供 1 人がいます。
②「給与所得者の扶養控除等（異動）申告書」の提出あり。
③ 国民健康保険と国民年金に加入しています。

賞与に対する源泉徴収税額の算出率の表2

賞与の金額に乗ずべき率	扶養				親	族	甲	
	0 人		1 人		2 人		3 人	
	前　月　の　社　会　保　険　料　等　控							
	以 上	未 満	以 上	未 満	以 上	未 満	以 上	未 満
％	千円	千円	千円	千円	千円	千円	千円	千円
0.000	68 千円未満		94 千円未満		133 千円未満		171 千円未満	
2.042	68	79	94	243	133	269	171	295
4.084	79	252	243	282	269	312	295	345
6.126	252	300	282	338	312	369	345	398
8.168	300	334	338	365	369	393	398	417
10.210	334	363	365	394	393	420	417	445
12.252	363	395	394	422	420	450	445	477

手順1　『源泉徴収税額表』の「賞与に対する源泉徴収税額の算出率の表」を使います。

手順2　算出率表の「甲」欄により、「扶養親族等の数」が「2人」の欄で、「前月の社会保険料等控除後の給与等の金額」が300,000円の欄を見つけます（269千円以上、312千円未満）。その行と「賞与の金額に乗ずべき率」欄との交わるところに記載された「4.084％」が、支給する賞与に掛ける率です。

　　よって、賞与400,000円×4.084％＝16,336円が源泉徴収する税額です。国民健康保険と国民年金を控除すれば、前月の社会保険料控除後の給与等の金額が少なくなるため、賞与の源泉徴収税額も減ります。

　国民年金の保険料納付率が60％強と低水準にとどまるなか、加入逃れの企業が厚生年金保険料を支払えば、年金財政が改善します。現行の法律では、**宗教法人であれば住職1人でも**基本的に**厚生年金への加入義務**があります。

　すべての未加入事業者への指導の一環として加入指導が行われるため、寺院だけが厚生年金に加入しないことは許されないでしょう。

　2016年11月に日本年金機構にもマイナンバーへの接続が許されることになりました。マイナンバー制度によって、未加入事業者はすでにあぶり出されています。日本年金機構は強制加入のゴーサインが出るのを静かに待っているところです。

第4章

7 日払い給与の源泉徴収税額の計算方法

　日払の境内掃除アルバイトや施餓鬼のお礼にも源泉徴収が必要になります。

　日払で雇用期間が2カ月以内のアルバイトなどについては日額表の「丙」欄を用います。**日給が9,300円未満であれば源泉徴収の必要はありません。**

〔設例〕　施餓鬼のお手伝いさん10人にお礼として10,000円ずつ渡しました。お礼の支払は、先代の住職から継続して行われています。

日額表

その日の社会保険料等控除後の給与等の金額		甲								乙	丙
以 上	未 満	扶 養 親 族 等 の 数								税 額	税 額
		0 人	1 人	2 人	3 人	4 人	5 人	6 人	7 人		
		税				額					
円	円	円	円	円	円	円	円	円	円	円	円
7,000	7,100	175	115	65	10	0	0	0	0	810	0
7,100	7,200	175	120	65	15	0	0	0	0	840	0
7,200	7,300	180	125	70	15	0	0	0	0	860	0
7,300	7,400	185	125	75	20	0	0	0	0	890	0
7,400	7,500	185	130	75	25	0	0	0	0	920	0
9,500	9,600	260	210	155	100	45	0	0	0	1,630	10
9,600	9,700	265	210	160	100	50	0	0	0	1,660	13
9,700	9,800	270	215	160	105	50	0	0	0	1,690	17
9,800	9,900	270	220	165	110	55	0	0	0	1,730	20
9,900	10,000	275	220	170	110	60	5	0	0	1,750	24
10,000	10,100	280	225	175	115	65	10	0	0	1,770	27
10,100	10,200	290	230	175	120	65	15	0	0	1,800	31
10,200	10,300	300	235	180	125	70	20	0	0	1,820	34
10,300	10,400	305	240	185	125	75	20	0	0	1,840	38
10,400	10,500	315	240	190	130	80	25	0	0	1,860	41

手順1　『源泉徴収税額表』の「日額表」を使います。

手順2　「その日の社会保険料等控除後の給与等の金額」の「丙」欄により、10,000円の支給金額を見つけます。源泉徴収金額は27円です。

手順3　お手伝いさんに10,000円を支給するには、1人10,027円の雑給を支給します。寺院帳簿には10人で「施餓鬼雑給100,270円」と記載され、270円の源泉所得税を税務署に納めます。

　短期間もしくは給与の金額が少ないからといって、源泉徴収をしていない例が目立ちます。**源泉徴収の義務は給与の支払者にある**ため、徴収漏れがあると寺院が負担しなければならないケースが多くなります。

　税務調査で指摘されると、過去の源泉徴収漏れを本人から徴収できないため、寺院が負担しなければならないのが現状です。支払の都度、きちんと処理を行えば問題は発生しないはずですので、面倒がらずに源泉徴収の事務をしてください。

　給料や報酬（年間合計で5万円を超えるもの）**を支払えば**、源泉徴収とともに**マイナンバーの収集が必要**になります（第5章1**5**参照）。年末になってあわてることのないよう、注意してください。

第4章

8 経済的利益の供与や物での支給も給与
（源泉徴収の対象）

　給与は金銭で支給するのが普通ですが、例えば、住職や職員に対して食事などを現物で支給している場合や、住居を無償で提供している場合には、現物での支給があったものとされ、源泉徴収の対象に含める必要があります。

1 住職の住まい

水道メーター

按分が必要

　一般企業では、役員や使用人が住宅などを無償または低額の賃料で使っていた場合、その役員や使用人に対して、賃料相当額と実際に徴収している賃料との差額が給与所得とされ、源泉徴収の対象になります。

　しかし、宗教法人の場合、住職や宮司が寺社内に無償で居住しているのは、職務上のやむを得ない必要があってのことと認められます。

　よって、通常、住職や宮司が居住する家屋または部屋として相応

なものである限り、源泉徴収の対象にはなりません。

　税務調査では、**水道光熱費などの自己負担金を現物給与として課税（給与に加算して源泉徴収）**される場合があります。生活している限り、電気、ガス、水道などの料金はかかります。すべてを寺院負担にしている場合などは、生活費相当額が給与として支給されたと認定されます。

　公共料金のメーターなどが住居と本堂で一緒になっている場合には、住居部分の公共料金の使用割合を見積もって、適正額を負担する必要があります（第7章2参照）。該当しそうな方は税務署に相談してください。ていねいに教えてくれます。

2 法衣の支給

　一般企業では、住居と同様に役員や使用人に対して、無償で衣服などを支給した場合には、衣服などの価格分の給与が支給されたものとして、源泉徴収の対象になります。

　しかし、法衣などは宗教的業務のために必要なものであり、源泉徴収の対象にはなりません。

3　個人で負担すべき飲食代などを寺院が負担した場合

住職などが**個人で負担すべき飲食代、生活費や慶弔費などを寺院
が負担した場合**、その負担額は住職などに給与の支払があったもの
として、**給与に加算して源泉徴収**されます。個人で負担すべきもの
としては、

- 大学の同窓生・親類縁者・個人的な友人との会食
- 個人的な慶弔費
- 教区の会合の２次会

などが考えられます。

4　子弟の学費を寺院が負担した場合

子弟の学費

住職が寺院からもらえるのは給与だけ

　寺院が住職などの子弟の**学費を負担した場合**、その負担した額は住職などに対して給与の支給があったものとして取り扱われます。

　よって、**負担した金額を住職の給与に加算して、源泉徴収**をする必要があります。

9 知っていると便利！
――納期の特例制度とは？

　給与や賞与の支給時期に宗教法人が預かった（給与や賞与などから控除した）源泉所得税は、所定の納付書に必要事項を記載して、金融機関か所轄の税務署の窓口で納めなければなりません。e-Tax を使えば自宅や事務所からも納税できます。興味のある方は e-Tax ホームページ（https://www.e-tax.nta.go.jp/）をご覧ください。

　源泉所得税を毎月納めるのは大きな事務負担になるため、納期の特例制度が設けられています。

　給与の支払人員が常時 10 人未満である場合、税務署長の承認を受けることにより、給与などの一定のものについて、下表のように**年に 2 回にまとめて納付**することができます。

　この特例制度は、原則として「源泉所得税の納期の特例の承認に関する申請書」を提出した日の翌月に支払う給与等から適用されます。

源泉所得税納期の特例制度

区 分	納　期　限	
①	1 月から 6 月までの間に源泉徴収した所得税	7 月 10 日
②	7 月から 12 月までの間に源泉徴収した所得税	翌年 1 月 20 日

　第 5 章 2 で紹介する「年末調整の裏ワザ」を使うには、その年分の確定申告書等作成コーナー（国税庁）がホームページ上にアップされる必要があります（翌年の 1 月 10 日前後）。よって、早めに特例の承認に関する申請書を提出して納期を延長しておかないと、12 月分の給与・賞与に対する源泉所得税の納付期限が 1 月 10 日のままのため、年末調整（税額計算）が間に合わなくなる場合もありますので、ご注意ください。

10 お寺も会社と同じです！
──従業員などの年末調整

　月々の給与については『源泉徴収税額表』（月額表）によって所得税を徴収していますが、毎月の源泉徴収税額の合計額は概算徴収ですので、年税額とは一致しません。

　国民健康保険や国民年金の納付は、毎月ではないので、計算が煩雑になります。よって本書では、年末調整での一括精算をお勧めします。また、生命保険料控除や自宅の地震保険料控除の計算は毎月の源泉徴収税額の計算では加味されません。これらの金額を調整するのが年末調整です。

　給与支払者は、その年の最後の給与または賞与を支払う際に、１年間の給与および賞与に対する年間税額を計算します。

　そして、徴収額が多い場合には給与受給者に還付し、徴収額が少ない場合には追加徴収し、源泉徴収票を発行します。

　年末調整は「給与所得者の扶養控除等（異動）申告書」を提出している人（甲欄適用者）で、その給与支給額が年間 2,000 万円以下の人について行います。

　なお、具体的な手順や手続きには、税務署から配布される説明書『年末調整のしかた』をご覧ください。国税庁のホームページ（https://www.nta.go.jp/）からも無料で入手できます。

第4章

11 集めた源泉所得税の整理
——源泉徴収簿の作成

　宗教法人は、給与の支払を受ける人ごとに、月々の支払額や源泉徴収税額などを所得税源泉徴収簿に記録し、年末調整や源泉徴収票を作成するための資料とします。

　「源泉徴収簿」（次ページ参照）は税務署の窓口に用意してあり、国税庁のホームページ（https://www.nta.go.jp/）からダウンロードすることもできます。なお、**作成した所得税源泉徴収簿は7年間保管**しなければなりません。

マメ知識　毎年の源泉徴収簿の整理

　書類の整理ですので、保存方法は自由です。しかし、7年間の保管となると、キチンと整理しておかなければ紛失などの原因になります。私は税理士としてクライアントに以下のように整理するようお願いしています。

年末調整終了後、年分ごとに給与受給者の順番で！

受給者ごとに
① 1番上に「給与所得者の扶養控除等（異動）申告書」
② 2番目に「給与所得者の基礎控除申告書兼給与所得者の配偶者控除等申告書兼所得金額調整控除申告書」
③ 3番目に「給与所得者の保険料控除申告書」（裏面に生命保険料控除証明書などを貼る）
④ 源泉徴収簿

源泉徴収簿（1枚目）

（国税庁ホームページより）

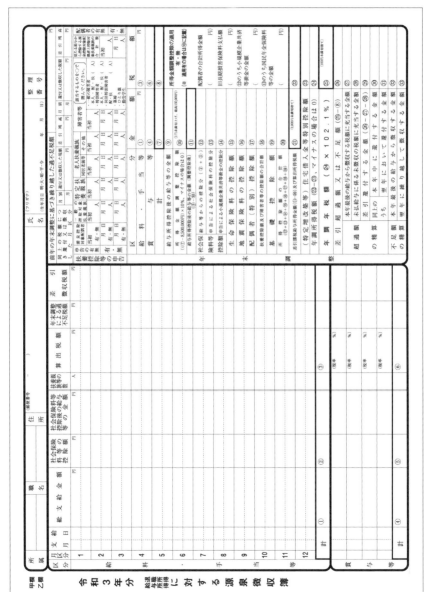

第4章

源泉徴収簿（２枚目）

（国税庁ホームページより）

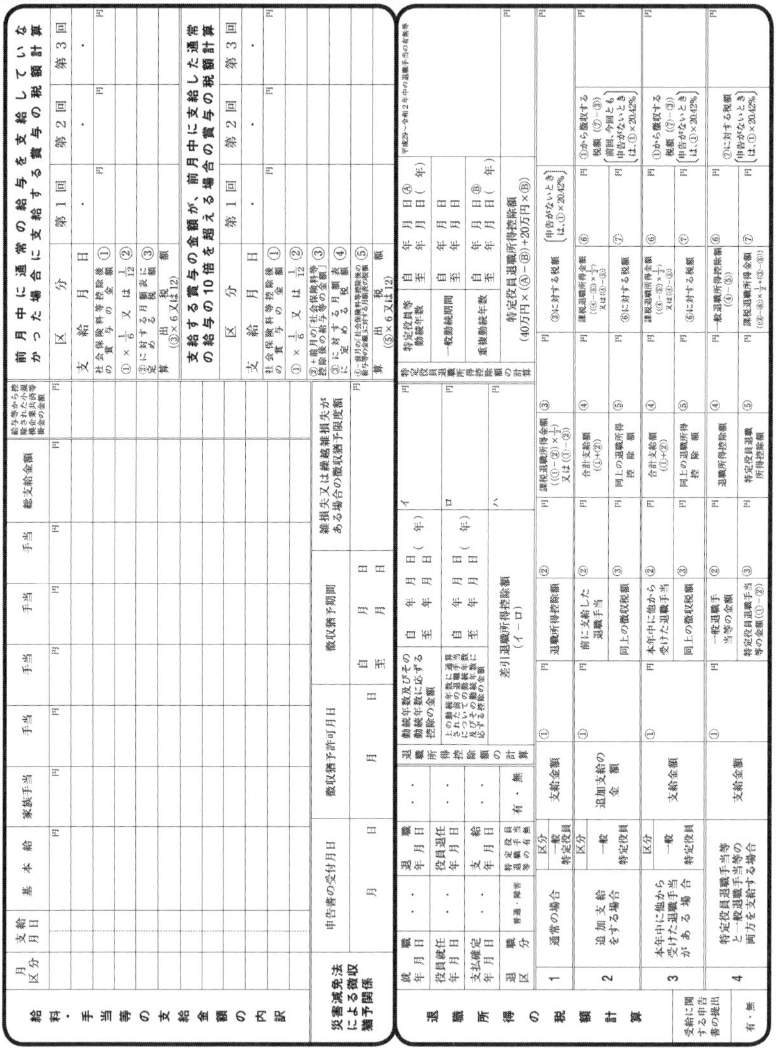

給料・手当等の支給金額の内訳

月区分	支給月日	基本給	家族手当	手当	手当	手当	手当	総支給金額	給与等から控除された小規模企業共済等掛金の金額
		円	円	円	円	円	円	円	円

前月中に通常の給与を支給していなかった場合に支給する賞与の税額計算

区分	第１回	第２回	第３回
支給月日	・	・	・
社会保険料等控除後の賞与の金額 ①	円	円	円
①×$\frac{1}{6}$又は$\frac{1}{12}$ ②			
②に対する月額表に定める税額 ③			
算出税額（③×６又は12）			

支給する賞与の金額が、前月中に支給した通常の給与の10倍を超える場合の賞与の税額計算

区分	第１回	第２回	第３回
支給月日	・	・	・
社会保険料等控除後の賞与の金額 ①	円	円	円
①×$\frac{1}{6}$又は$\frac{1}{12}$ ②			
②＋前月の「社会保険料等控除後の給与等の金額」 ③			
③に対する月額表に定める税額 ④			
④－前月の「社会保険料等控除後の給与等の金額」に対する月額表の税額 ⑤			
算出税額（⑤×６又は12）			

災害減免法による徴収猶予関係

申告書の受付月日	徴収猶予許可月日	徴収猶予期間	雑損失又は繰越雑損失がある場合の徴収猶予限度額
月　日	月　日	自　月　日 至　月　日	円

退職所得の税額計算

就職年月日	・・	退職年月日	・・
役員就任年月日	・・	役員退任年月日	・・
支払確定年月日	・・	支給年月日	・・
退職区分	普通・障害	特定役員退職手当等の有無	有・無

退職所得控除額の計算

勤続年数及びその勤続年数に応ずる控除の金額	自　年　月　日 至　年　月　日（　年）	イ　円
上の勤続年数に通算された前の退職手当等についての勤続年数及びその勤続年数に応ずる控除の金額	自　年　月　日 至　年　月　日（　年）	ロ　円
差引退職所得控除額（イ－ロ）		ハ　円

特定役員退職所得控除額の計算

特定役員等勤続年数	自　年　月　日Ⓐ 至　年　月　日（　年）	平成29～令和2年中の退職手当の有無等
一般勤続期間	自　年　月　日 至　年　月　日	
重複勤続年数	自　年　月　日Ⓑ 至　年　月　日（　年）	
特定役員退職所得控除額（40万円×（Ⓐ－Ⓑ）＋20万円×Ⓑ）		円

	区分									
1 通常の場合	一般 特定役員	支給金額	① 円	退職所得控除額 ② 円	課税退職所得金額（（①－②）×$\frac{1}{2}$）又は（①－②） ③ 円	③に対する税額〔申告がないときは、①×20.42%〕 円				
2 追加支給をする場合	一般 特定役員	追加支給の金額	① 円	前に支給した退職手当 ② 円	合計支給額（①＋②） ④ 円	課税退職所得金額（（④－⑤）×$\frac{1}{2}$）又は（④－⑤） ⑥ 円	①から徴収する税額（⑦－③）〔前回、今回とも申告がないときは、①×20.42%〕 円			
				同上の徴収税額 ③ 円	同上の退職所得控除額 ⑤ 円	⑥に対する税額 ⑦ 円				
3 本年中に他から受けた退職手当がある場合	一般 特定役員	支給金額	① 円	本年中に他から受けた退職手当 ② 円	合計支給額（①＋②） ④ 円	課税退職所得金額（（④－⑤）×$\frac{1}{2}$）又は（④－⑤） ⑥ 円	①から徴収する税額（⑦－③）〔申告がないときは、①×20.42%〕 円			
				同上の徴収税額 ③ 円	同上の退職所得控除額 ⑤ 円	⑥に対する税額 ⑦ 円				
4 特定役員退職手当等と一般退職手当等の両方を支給する場合		支給金額	① 円	一般退職手当等の金額 ② 円	退職所得控除額 ④ 円	一般退職所得控除額（④－⑤） ⑥ 円	⑦に対する税額〔申告がないときは、①×20.42%〕 円			
				特定役員退職手当等の金額（①－②） ③ 円	特定役員退職所得控除額 ⑤ 円	課税退職所得金額（（③－⑥）×$\frac{1}{2}$＋（③－⑤）） ⑦ 円				

受給に関する申告書の提出　有・無

12 活用すると楽々!
——厄介な事務は税理士や給与計算ソフトで

　以上のように、できるだけやさしく源泉徴収の事務を説明をしてきましたが、源泉徴収事務は慣れるまでは大変な作業です。

　税理士に源泉徴収事務と年末調整事務を依頼することも1つの手です。特にマイナンバー制度の導入によってマイナンバーの収集や保管で手続きが煩雑になっています。自分でできる事務と頼るべき事務を選別して、専門家に頼るべき事務は早めに相談することをお勧めします。

　また、インターネット上にも、給与計算ソフトがあります。これを使えば、簡単に源泉徴収事務ができます。

　なお、本書では社会保険料等については記載していません。社会保険の手続きや社会保険料等の計算はお近くの日本年金機構の事務所か社会保険労務士にお尋ねください。

第4章

税理士・社労士

給与計算ソフト

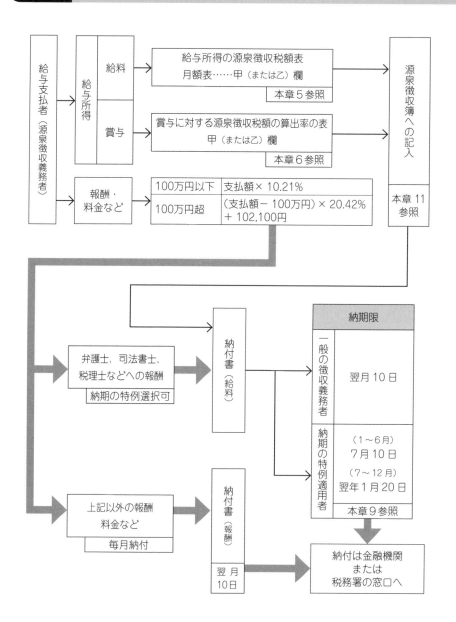

ポイント！

◆源泉徴収制度は、支払者が給与などを支払う際にあらか
　じめ所得税額を徴収し納付する制度です。

◆宗教活動による収入や、宗教法人の資産から生まれる収
　入は、すべて宗教法人の収入です。

◆住職個人が寺院からもらえるのは、基本的に給料だけで
　す。

◆お布施などを住職などが使ってしまった場合には、源泉
　所得税を追加徴収されます。

◆日払い給与や布教師への謝礼も源泉徴収の必要がありま
　す。

◆宗教法人に従事者がいて給与を支払っていれば、社会保
　険に加入しなければなりません。今後は政府が本腰をあ
　げて強制的に加入手続をとります。未加入の寺院は加入
　手続をとることをお勧めします。

◆慣れるまでは、源泉徴収事務と年末調整事務を税理士に
　依頼するのも１つの手です。

◆給与計算ソフトを使えば源泉徴収事務は簡単です。

第4章

第5章
年末調整と法定調書と
マイナンバー
──誰でも簡単！ 税制改正にも対応！
年末調整の裏ワザ

第5章

1 年末調整で行うこと

　第4章に源泉徴収事務の概要を書きましたが、その集大成である年末調整については、「国税庁が毎年作成する『年末調整のしかた』を読んでください」で終わっています。年末調整の具体的な方法に触れなかった理由は、毎年のように税制改正があり、所得控除や所得税率の改正があると使えなくなってしまうためです。

　また、年末調整はサラリーマンが確定申告をしないで年間の所得税を精算できるようにした制度です。一般企業では、総務や経理担当が給与事務を扱っていますが、税法の知識が必要で手続きも煩雑です。したがって、小規模寺院が年末調整を行うのは大変な作業となりますので、税理士に年末調整の部分だけを依頼するのがお勧めの方法です。

　実際に第4章10で紹介した『年末調整のしかた』をダウンロードしていただくと、100ページを越える分厚い冊子であるということがわかります。また、本章2❶には、令和3年分『年末調整のしかた』の57〜61ページにある設例2とその説明を掲載していますが、解説を見ると、税法の知識がないと計算が難しいことが、おわかりいただけると思います。

　そこで、紹介するのが「年末調整の裏ワザ」です。**年末調整とは、寺院の従業員などの所得税を精算する事務**です。**各人の税額を国税庁のシステムを使って計算すると、税制改正にも対応していますので間違いがありません。**

　なんといっても、国税庁が確定申告の相談件数を減らすために「簡単に誰でもできる」を目指して開発したシステムですので、慣れれば素人でも簡単に使えます。作ったデータを保存しておけば、年末調整ではできない医療費控除や寄附金控除などの確定申告書も簡単

に作れます。ぜひ挑戦してみてください。

1　年末調整とは？

　給与の支払者は、毎月の給与を支払う際に「源泉徴収税額表」を使って、所得税の源泉徴収をします。しかし、源泉徴収額は概算ですので年税額とは一致しません。一致しない理由はさまざまですが、

① 源泉徴収税額表は、毎月の給与に変動がない前提で作られている。

② 年の途中で扶養親族の異動（出産や就職など）があっても、年初からの計算はできない。

③ 配偶者特別控除や生命保険、地震保険などは年末調整でしか控除することができない。

などがあります。

　年末調整とは、年間の給与総額に対する年税額を算出し、この額と１年間に給与を支払う都度源泉徴収をした税額の合計額とを比較し、過不足額を精算する手続きをいいます。

2　年末調整の対象となる人

　年末調整の対象者は、第４章５**❶❷**に記載した、**甲欄適用者**（「給与所得者の扶養控除等（異動）申告書」の提出者）**で、給与収入が 2,000万円以下の人**です。

　また、**年末調整できる人は、１年間を通じて勤務している人、または、年の途中で寺院に就職し、年末まで勤務している人**です。詳細は『年末調整のしかた』をご覧ください。

3　年末調整で精算できる控除

年末調整で精算できる控除は次の A〜H となります。

A．基礎控除

B．所得金額調整控除

C．社会保険料控除（国民健康保険、国民年金も含む）

D．生命保険料控除・地震保険料控除

E．小規模企業共済等掛金控除（申告分）

F．配偶者控除、配偶者特別控除

G．扶養控除

H．寡婦控除、ひとり親控除、勤労学生控除、障害者控除

(注) 住宅借入金等特別控除（従事者が住宅を取得した場合など）については記載を省略しています。該当がある場合は税務署や税理士にお尋ねください。

　以上のように、年末調整で清算できる所得控除はたくさんありますが、①〜⑥のとおり、それぞれの所得控除は適用条件が細かく決まっている上、控除額も納税者自身の所得金額や控除対象者の年齢や所得金額によって変化します。よって、税理士でも自動計算ソフトを使わないと正しい税額を算出するのは困難と感じているほどです。

　しかし、本章2「誰でも簡単！　税制改正にも対応！――確定申告書等作成コーナーの使い方」を学べば、正しい税額計算が簡単にできます。ぜひ挑戦してみてください。

① 基礎控除

　基礎控除の金額は、納税者本人の合計所得金額に応じて次表のように変わります。詳しくは国税庁のホームページ（https://www.nta.go.jp/taxes/shiraberu/taxanswer/shotoku/1199.htm）をご覧ください。

第5章

納税者本人の合計所得金額	控除額
2,400万円以下	48万円
2,400万円超　2,450万円以下	32万円
2,450万円超　2,500万円以下	16万円
2,500万円超	0円

② 所得金額調整控除

　給与所得がある者が次の1または2に該当する場合は、それぞれの算式により計算した金額（所得金額調整控除額）を、総所得金額を計算する際に給与所得の金額から控除します。詳しくは国税庁のホームページ（https://www.nta.go.jp/taxes/shiraberu/taxanswer/shotoku/1411.htm）をご覧ください。

1. 子ども・特別障害者等を有する者等

　　給与等の収入金額が850万円を超える者が、

イ　本人が特別障害者である者

ロ　年齢23歳未満の扶養親族を有する者

ハ　特別障害者である同一生計配偶者または扶養親族を有する者

のいずれかに該当する場合。

〔給与等の収入金額（1,000万円超の場合は1,000万円）－ 850万円〕×10％＝所得金額調整控除額

2. 給与所得と年金所得の双方を有する者

　　その年分の給与所得控除後の給与等の金額と公的年金等に係る雑所得の金額がある者で、その合計額が10万円を超える場合。

〔給与所得控除後の給与等の金額（10万円超の場合は10万円）＋公的年金等に係る雑所得の金額（10万円超の場合は10万円）〕－ 10万円＝所得金額調整控除額（マイナスの場合は0円）

③ 配偶者控除

　配偶者控除は、配偶者の合計所得金額が 48 万円以下の場合に適用になります。控除額は控除を受ける納税者本人の合計所得金額と配偶者の年齢によって、次表のように変わります。詳しくは国税庁のホームページ（https://www.nta.go.jp/taxes/shiraberu/taxanswer/shotoku/1191.htm）をご覧ください。

控除を受ける納税者本人の合計所得金額	控除額	
	一般の控除対象配偶者	老人控除対象配偶者^(※)
900 万円以下	38 万円	48 万円
900 万円超　950 万円以下	26 万円	32 万円
950 万円超　1,000 万円以下	13 万円	16 万円

（※）老人控除対象配偶者とは、控除対象配偶者のうち、その年 12 月 31 現在の年齢が70 歳以上の人をいいます。

④ 配偶者特別控除

　配偶者特別控除は、配偶者の合計所得金額が 48万円超から133万円以下の場合に適用になります。控除額は控除を受ける納税者本人の合計所得金額と配偶者の合計所得金額によって、次表のように段階的に変わります。詳しくは国税庁のホームページ（https://www.nta.go.jp/taxes/shiraberu/taxanswer/shotoku/1195.htm）をご覧ください。

第5章

		控除を受ける納税者本人の合計所得金額		
		900万円以下	900万円超 950万円以下	950万円超 1,000万円以下
配偶者の合計所得金額	48万円超　95万円以下	38万円	26万円	13万円
	95万円超　100万円以下	36万円	24万円	12万円
	100万円超　105万円以下	31万円	21万円	11万円
	105万円超　110万円以下	26万円	18万円	9万円
	110万円超　115万円以下	21万円	14万円	7万円
	115万円超　120万円以下	16万円	11万円	6万円
	120万円超　125万円以下	11万円	8万円	4万円
	125万円超　130万円以下	6万円	4万円	2万円
	130万円超　133万円以下	3万円	2万円	1万円

⑤ 扶養控除

　扶養控除は、控除対象扶養親族となる者がいる場合に受けられる所得控除です。控除額は、扶養親族の年齢、同居の有無等により次表のとおりです。詳しくは国税庁のホームページ（https://www.nta.go.jp/taxes/shiraberu/taxanswer/shotoku/1180.htm）をご覧ください。

区分		控除額
一般の控除対象扶養親族		38万円
特定扶養親族		63万円
老人扶養親族	同居老親等以外の者	48万円
	同居老親等	58万円

⑥ その他

　寡婦控除、ひとり親控除、勤労学生控除、障害者控除は、国税庁のホームページをご覧ください。

4　法定調書

　所得税法等の規定により、一定額の支払いをした場合には所轄税務署に各種の法定調書を提出しなければなりません。

　法定調書を提出するには源泉徴収票などの作成が必要で、大変な作業です。税理士にお任せすることをお勧めします。しかし、慣れてしまえば意外と簡単ですので、ぜひ挑戦してみてください。

　寺院に関係する主な法定調書を以下に記載しておきますが、詳しくは国税庁が作成している『給与所得の源泉徴収票等の法定調書の作成と提出の手引』をご覧ください。

　法定調書の提出期限は、支払った日（支払いが確定した日）**の翌年の１月末日**です。

給与所得の源泉徴収票の提出範囲

	受給者の区分		提出範囲（年中の支払額）
年末調整済み	法人（人格のない社団等を含む）の役員。[**住職、責任役員**など]		150万円を超える者
	上記以外の受給者[**家族従事者、従業員**など]		500万円を超える者
年末調整をしなかった者	「給与所得者の扶養控除等申告書」の**提出者**（甲欄適用者）	その年に退職した者	250万円を超える者（役員は50万円を超える者）
		給与が2,000万円を超えるため年末調整未済の者	全　部
	「給与所得者の扶養控除等申告書」**未提出者**（乙欄または丙欄適用者）		50万円を超える者

寺院に関係する主な支払調書等と提出金額

種　類	区　分	提出が必要な金額等
報酬・料金等の支払調書	コンサートや寄席、研修、講演会などの講師に支払った報酬	同一人に対して年中の支払額の合計が **5万円を超える** もの
不動産の使用料等の支払調書	不動産の賃料を支払った法人または不動産業者である個人	同一人に対して年中の支払額の合計が **15万円を超える** もの
不動産の譲受け対価の支払調書	不動産の譲受けの対価を支払った法人または不動産業である個人	同一人に対して年中の支払額の合計が **100万円を超える** もの
退職所得の源泉徴収票	法人役員の退職手当等	全　員

　報酬・料金等の支払調書は寺院で特に多く発生する支払いです。コンサートや法話を**個人に依頼した場合、必ず源泉徴収**をしてから支払わなければなりません。

　源泉徴収税額は支払額が **100万円以下の場合、A ×10.21%**です。ですから、講師に5万円を渡したい場合の計算は次のようになります。

50,000円 ÷ （100 − 10.21）％ ＝ 55,685円

　つまり、**寺院の帳簿には講師謝礼として55,685円の支払いと経理し、講師には5万円**を渡して**翌月10日**（第4章13）に**税務署に源泉所得税5,685円を納付**します。

　報酬・料金などにかかる源泉所得税は毎月納付のため、**翌月10日**に納付しなければなりません。しかし、**少額の源泉所得税であれば、納期の特例対象の源泉所得税といっしょに7月10日**（1月～

6月分の納付期限）または**翌年1月20日**（7〜12月分の納付期限）に納付しても延滞税などが発生することはありません。上手に納期の特例の制度を利用しましょう。

　講師には、支払金額と源泉徴収する所得税額とを明記した領収書を支払う側が作成し、それに署名捺印を求めるようにしてください。**給料や年間合計で5万円を超える報酬を支払う場合**、源泉徴収だけでなく**マイナンバーの収集も必要**になります。年末になってあわてることのないよう、注意してください。

5　マイナンバー制度

　給与の源泉徴収票や報酬の支払調書を作成する際に必要になるのがマイナンバーです。**すべての寺院がマイナンバーの取扱事業者**になると思われますので、知らなかったでは済まされないマイナンバーの基本のキを説明します。

　今さら説明する必要はないかもしれませんが、マイナンバーは、**社会保障・税・災害対策の分野**で行政の効率化、国民の利便性の向上、公平・公正な社会を実現することを目的として制度化されました。

　マイナンバーは国民一人ひとりが持つ12桁の個人番号で、会社などの**法人には13桁の法人番号**が指定されています。当然、宗教法人である各寺院にも法人番号が指定されています。制度の導入によって、寺院も法令に規定された範囲で、第三者のマイナンバーや法人番号を取り扱うことになります。

第5章

① 重たい罰則規定

　個人情報が詰まったマイナンバーの管理・運用にあたっては、行政機関が保有する**個人情報保護法等よりも厳格な取り扱いや保護措置**が講じられたため、簿書の整理やパソコンデータの慎重な管理などが今まで以上に求められます。以下に**罰則規定の主なもの**を記載します。

罰則対象となる行為	マイナンバーの法定刑	行政機関の 個人情報保護法等
個人番号利用事務等の従事者が**正当な理由なく特定個人情報ファイルを提供**	**4年以下の懲役**、または**200万円以下の罰金**、または併科	2年以下の懲役、または100万円以下の罰金
個人番号利用事務等の従事者が**不正な利益を図る目的で個人番号を提供または盗用**	**3年以下の懲役**、または**150万円以下の罰金**、または併科	1年以下の懲役、または50万円以下の罰金

　寺院が家族従事者や従業員に給料を支払えば、マイナンバーを収集し管理しなければなりません。ずさんな管理をしていると、**住職が懲役刑を受けることもある重たい罰則規定**が定められています。

　以下、国税庁が発行している「源泉徴収事務・法定調書作成事務におけるマイナンバー制度」に基づいて、ポイントを確認しておきましょう。

（注）「源泉徴収事務・法定調書作成事務におけるマイナンバー制度」は2016年7月末現在の法令に基づいて作成されています。最新の制度内容は各省庁が公表している案内などをご確認ください。

② マイナンバーの提供を受ける際の本人確認

　従業員や報酬などの支払者（研修講師など）から**マイナンバーの提供を受ける場合**には、本人確認として**マイナンバーの確認と身元確認**を行う必要があります。

本人確認を行う場合に使用する書類の例

例1　マイナンバーカード（個人番号カード）［番号確認と身元確認］

例2　通知カード（番号確認）＋運転免許証、健康保険の被保険者証など（身元確認）

　　　※　事業者の方が、写真表示のない身分証明書等により身元確認を行う場合には、2種類以上必要です。

③ マイナンバーを取り扱う場合の注意事項

イ　取得

　事業者は、社会保障および税に関する手続書類の作成など法令で定められた事務を処理するために**必要がある場合に限って**、従業員等にマイナンバーの提供を求めることができます。

　例：事業者は、従業員等の営業成績管理などの目的で、マイナンバーの提供を求めてはなりません。

注意！　事業者はマイナンバーの提供を求めるにあたり、マイナンバーの利用目的を特定し、従業員や顧客に明示しなければなりません。

第5章

ポイント！ 必要ある場合に限って！

　報酬・料金等の支払調書（研修講師など）は、同一人に**年間5万円を超えて支払った場合**に作成義務が生じます。実務では年末にあわててマイナンバーを集めるより、報酬等を支払う際、その都度マイナンバーをもらっておく方がスムーズです。

　しかし、気を付けなければならないのは、**必要ある場合に限ってマイナンバーを収集することができる**という点です。つまり、年間で3万円しか支払っていない人には「法定調書の作成のためマイナンバーをください」とは言えません。

　具体的には、**同一人物への支払いが5万円を超えたとき**（例えば3万円の講習会をその年に2回開催したとき）**に初めて「マイナンバーをください」と言える**のです。なかなか厄介な制度です。

ロ　利用・提供

　事業者は、社会保障および税に関する手続書類に従業員等のマイナンバーを記載して行政機関等および健康保険組合等に提出する場面でのみ、マイナンバーを利用・提供することができます。

　例：社員番号や顧客管理番号としての利用は、仮に従業員や顧客本人の同意があってもできません。

ポイント！ 番号の流用は禁止

　マイナンバーは**社会保障・税・災害対策**以外の目的では使用できません。

八　保管・廃棄

（１）保管

　特定個人情報は、社会保障および税に関する手続書類の作成事務を行う必要がある場合に限り、保管し続けることができます。

　　例：雇用契約等の継続的な関係にある場合に、従業員等から提供を受けたマイナンバーは、給与所得の源泉徴収票等作成のために、翌年度以降も継続的に利用する必要が認められることから、特定個人情報を継続的に保管することができます。

（２）廃棄

　社会保障および税に関する手続書類の作成事務を処理する必要がなくなった場合で、所管法令等において定められている保存期間等を経過した場合には、マイナンバーをできるだけ速やかに廃棄または削除しなければなりません。

　　例：「給与所得者の扶養控除等（異動）申告書」は、７年間保管することとされており、その間は特定個人情報の保管ができますが、その後はできるだけ速やかにマイナンバーを廃棄または削除する必要があります。

ポイント! 保管は７年・廃棄は速やかに！

　集めたマイナンバーは、その従業員が退職しない限り使い続けることができますが、**使わなくなったマイナンバーは７年経ったら速やかに廃棄（削除）**しなければなりません。**廃棄簿書の年限の管理を徹底**して保管・管理をしなければなりません。

第5章

二　安全管理措置

> マイナンバー・特定個人情報の漏えい、滅失または毀損の防止その他適切な管理のために、必要かつ適切な安全管理措置を講じなければなりません。また、従業員に対する必要かつ適切な監督も行わなければなりません。
>
> 　例：組織的・人的安全管理措置
> 　　　マイナンバーを取り扱う担当者を明確にして、担当者以外がマイナンバーを取り扱わないようにする。
>
> 　例：物理的・技術的安全管理措置
> 　　　特定個人情報が記載された書類を、施錠可能な棚に保管する。マイナンバーを取り扱う担当者以外の人は、情報にアクセスできない措置を講じる。

ポイント! 安全管理措置を講じて厳重に保管！

　収集したマイナンバーは鍵のかかる場所に保管し、番号管理責任者を決めて他の者が見ることができないようにすることが必要です。また、**パソコンでマイナンバーを管理する場合**は、**暗証番号**や**パソコン自体の盗難防止**（施錠して保管）もさることながらウイルス対策ソフトなどを使って**データの流出防止を図る**ことも必要です。

　以上がマイナンバーの基本のキですが、詳しく知りたいときは国税庁のホームページ「国税の番号制度に関する情報」（https://www.nta.go.jp/taxes/tetsuzuki/mynumberinfo/jyoho/index.htm）に詳しい情報が出ていますので、ご確認ください。

2 誰でも簡単！ 税制改正にも対応！
──確定申告書等作成コーナーの使い方

1 設例

── 国税庁『令和3年分　年末調整のしかた』57～61頁より

（設例2）本年最後に支払う給与についての税額計算をした上で
年末調整を行う場合

（配偶者に所得があり、配偶者特別控除の適用を受ける場合）

1	年間給与総額（他の所得なし）	7,074,500円
2	同上の給与に対する徴収税額	216,857円
3	控除した社会保険料等（給与控除分）	1,084,224円
4	支払った一般の生命保険料のうち旧生命保険料分	53,000円
	支払った個人年金保険料のうち新個人年金保険料分	59,000円
	支払った個人年金保険料のうち旧個人年金保険料分	89,000円
5	支払った損害保険料のうち旧長期損害保険料分	28,000円
6	生計を一にする配偶者（給与所得の金額125万円）	あり
7	一般の控除対象扶養親族（年初2人、4月から1人）	1人
8	特定扶養親族	1人

第5章

源泉徴収簿

-31－35	氏名	(フリガナ) サトウ　ジロウ 佐藤　次郎 (生年月日　明・大・(昭)・平・令　50 年 8 月 20 日)	整理番号	10

調整過不足税額	差引徴収税額
円	6,090 円
	6,090
	6,090
	8,070
	8,070
	8,070
	8,070
	8,070
	8,070
	8,070
	8,070
057	▲54,987
	60,210
	65,747

前年の年末調整に基づき繰り越した過不足税額						
	円					
同上の税額につき還付又は徴収した月区分	月別	還付又は徴収した税額	差引残高	月別	還付又は徴収した税額	差引残高
	月	円	円	月	円	円

扶養控除等の申告	申告の有無	源泉控除対象配偶者	一般の控除対象扶養親族	特定扶養親族	老人扶養親族 同居老親等	老人扶養親族 その他	障害者等（該当するものを○で囲んでください。）		従たる給与から控除する源泉控除対象配偶者と控除対象扶養親族の合計数	配偶者の有無
	(有)・無	当初 有・(無)	当初 2 人	当初 1 人	当初 人	当初 人	当初 人	・一般の障害者 本人・配・扶（　人） ・特別障害者 本人・配・扶（　人） ・同居特別障害者 配・扶（　人） ・寡婦 ・ひとり親 ・勤労学生	当初 人	(有)・無
		月 日 有・無	4月1日 1 人	月 日 人	月 日 人	月 日 人	月 日 人		月 日 人	
		月 日 有・無	月 日 人	月 日 人	月 日 人	月 日 人	月 日 人			

	区分		金額	税額
年末調整	給料・手当等		① 5,254,500 円	③ 90,900 円
	賞与等		④ 1,820,000	⑥ 125,957
	計		⑦ 7,074,500	⑧ 216,857
	給与所得控除後の給与等の金額		⑨ 5,267,050	所得金額調整控除の適用 有・(無)（※ 適用有の場合は⑩に記載）
	所得金額調整控除額（（⑦－8,500,000円）×10%、マイナスの場合は0）		⑩ (1円未満切上げ、最高150,000円) 0	
	給与所得控除後の給与等の金額（調整控除後）（⑨－⑩）		⑪ 5,267,050	
	社会保険料等控除額	給与等からの控除分（②＋⑤）	⑫ 1,084,224	配偶者の合計所得金額
		申告による社会保険料の控除分	⑬ 0	（ 1,250,000 円）
		申告による小規模企業共済等掛金の控除分	⑭ 0	旧長期損害保険料支払額
	生命保険料の控除額		⑮ 85,500	（ 28,000 円）
	地震保険料の控除額		⑯ 15,000	⑫のうち小規模企業共済等掛金の金額
	配偶者（特別）控除額		⑰ 110,000	（ ― 円）
	扶養控除額及び障害者等の控除額の合計額		⑱ 1,010,000	⑬のうち国民年金保険料等の金額
	基礎控除額		⑲ 480,000	
	所得控除額の合計額（⑫＋⑬＋⑭＋⑮＋⑯＋⑰＋⑱＋⑲）		⑳ 2,784,724	（ ― 円）
	差引課税給与所得金額（⑪－⑳）及び算出所得税額		㉑ (1,000円未満切捨て) 2,482,000	㉒ 150,700
	（特定増改築等）住宅借入金等特別控除額			㉓
	年調所得税額（㉒－㉓、マイナスの場合は0）			㉔ 150,700
	年調年税額（㉔×102.1％）			㉕ (100円未満切捨て) 153,800
	差引(超過額)又は不足額（㉕－⑧）			㉖ ▲63,057
	超過額の精算	本年最後の給与から徴収する税額に充当する金額		㉗ 8,070
		未払給与に係る未徴収の税額に充当する金額		㉘
		差引還付する金額（㉖－㉗－㉘）		㉙ 54,987
		同上のうち 本年中に還付する金額		㉚ 54,987
		同上のうち 翌年において還付する金額		㉛
	不足額の精算	本年最後の給与から徴収する金額		㉜
		翌年に繰り越して徴収する金額		㉝

（設例2の説明）

1　この設例は、本年最後に支払う給与に対する税額計算を省略しない
　　で年末調整を行ったものです。

2　1月から12月までの普通給与の金額と賞与の金額との合計額
　　7,074,500円について、給与所得控除後の給与等の金額を「給与所得
　　控除後の金額の算出表」(76ページ以下参照)によって求めると5,267,050
　　円（7,074,500円×90％−1,100,000円）になります。

　　(注) この設例の場合、本年分の給与の総額が850万円以下であるため、所得金額
　　　　調整控除の適用はありません。

3　社会保険料等の1,084,224円は、1月から12月までの間に給与及
　　び賞与から差し引かれた社会保険料であり、その全額が控除されます。

4　生命保険料の控除額85,500円は、本年中に支払った一般の生命保
　　険料及び個人年金保険料のそれぞれの金額に基づいて、次により求め
　　た金額となります。

〔一般の生命保険料の控除額〕

旧生命保険料の金額			一般の生命保険料の控除額
53,000円	$\times \dfrac{1}{4}$ + 25,000円 =		38,250円

〔個人年金保険料の控除額〕

新個人年金保険料の金額			新個人年金保険料に係る控除額
59,000円	$\times \dfrac{1}{4}$ + 20,000円 =		34,750円

旧個人年金保険料の金額			旧個人年金保険料に係る控除額
89,000円	$\times \dfrac{1}{4}$ + 25,000円 =		47,250円

新個人年金保険料 に係る控除額	旧個人年金保険料 に係る控除額		新個人年金保険料と 旧個人年金保険料の 両方に係る控除額
34,750円	+ 47,250円	= 82,000円 →	40,000円 (最高 40,000円)

　　計算した控除額のうち最も大きい金額は、旧個人年金保険料に係る
　控除額の47,250円ですから、個人年金保険料の控除額は47,250円
　となります。

第5章

〔生命保険料の控除額の合計〕

一般の生命保険料の控除額		個人年金保険料の控除額		生命保険料の控除額
38,250 円	＋	47,250 円	＝	85,500 円

5　地震保険料の控除額は、本年中に支払った損害保険料のうち地震保険料控除の対象となる旧長期損害保険料のみで、その合計額が 28,000 円ですから、旧長期損害保険料に対応した地震保険料控除額の最高限度額の 15,000 円となります。

6　「配偶者（特別）控除額⑰」欄の金額は、配偶者控除等申告書で計算します。所得者の合計所得金額が 900 万円以下（本人に給与所得以外の所得がないため、給与所得控除後の給与等の金額（調整控除後）5,267,050 円が、本人の合計所得金額となります。）（区分Ⅰ：A）、配偶者の合計所得金額が 125 万円で 95 万円超 133 万円以下（区分Ⅱ：④）ですので、配偶者控除等申告書の「控除額の計算」欄の表（19 ページ参照）の区分Ⅰの「A」及び区分Ⅱの「④（120 万円超 125 万円以下）」が交わる欄の金額 110,000 円が配偶者特別控除額となります。

7　「扶養控除額及び障害者等の控除額の合計額⑱」欄の金額は、「扶養控除額及び障害者等の控除額の合計額の早見表」(116 ページ参照)の「①控除対象扶養親族の数に応じた控除額」の「2 人」欄の金額 760,000 円に、「②障害者等がいる場合の控除額の加算額」の「ヘ」欄により特定扶養親族の 250,000 円を加算した 1,010,000 円です。

8　「基礎控除額⑲」欄の金額は、基礎控除申告書で計算します。所得者の合計所得金額が 2,400 万円以下ですので、480,000 円が基礎控除額となります。

9　所得控除額の合計額 2,784,724 円は、次により計算します。

社会保険料等の控除額		生命保険料の控除額		地震保険料の控除額		配偶者特別控除額		扶養控除額等		基礎控除額
1,084,224円	＋	85,500円	＋	15,000円	＋	110,000円	＋	1,010,000円	＋	480,000円

$$= 2,784,724 円$$

10　差引課税給与所得金額 2,482,000 円は、次により計算します。

給与所得控除後の給与等の金額（調整控除後）		所得控除額の合計額		差引課税給与所得金額
5,267,050 円	－	2,784,724 円	＝	2,482,326 円 → 2,482,000円

（1,000 円未満の端数切捨て）

11　差引課税給与所得金額 2,482,000 円に対する算出所得税額を「令和
　　3 年分の年末調整のための算出所得税額の速算表」(85 ページ参照)に
　　よって求めると、150,700 円となります。

　　　課税給与
　　　所得金額　　　　税率　　　　控除額　　　　算出所得税額
　　2,482,000 円　×　10%　−　97,500 円　=　150,700 円

12　この設例の場合、(特定増改築等)住宅借入金等特別控除の適用が
　　ありませんので、上記「11」で求めた算出所得税額が年調所得税額と
　　なります。

13　年調所得税額 150,700 円に 102.1 ％を乗じて求めた 153,800 円
　　(100 円未満の端数切捨て)が年調年税額となります。

14　年調年税額 153,800 円と 1 月から 12 月までに徴収された税額
　　(12 月支給の給与については税額計算のみ)の合計額 216,857 円とを比較
　　しますと、徴収された税額の合計額の方が 63,057 円多いため超過額
　　63,057 円が生じます。

15　この超過額 63,057 円は、本年最後に支払う給与から徴収すべき税
　　額 8,070 円に充当されますが、徴収すべき税額を超える金額 54,987
　　円(63,057 円− 8,070 円)は、過納額として本人に還付することになり
　　ます。

第5章

2 確定申告書等作成コーナーの使い方

❶には国税庁の『令和3年分　年末調整のしかた』57〜61頁に記載されている設例2を掲載しました。この設例を元に、「確定申告書等作成コーナー」の使い方を具体的に見ていきましょう。

まずは本書のとおりに入力して、入力手順を確認しましょう。

☞ **税制改正があるので、令和3年分の年末調整は**
「令和3年分の申告書等作成コーナー」を使って！

手順1　ブラウザーに https://www.keisan.nta.go.jp/kyoutu/ky/sm/top#bsctrl と URL を入力。インターネット検索で「確定申告書等作成コーナー」と入力しても探せます。

（注）URL は予告なく変更されることがあります。

手順2　検索して探した場合には、「共通トップ | 国税庁 確定申告書等作成コーナー」をクリック。

手順3　「国税庁 確定申告書等作成コーナー」（作成コーナートップ）が出てきたら、「申告書等を作成する」の「作成開始」をクリック。

申告書等を作成する

作成前にご利用ガイドをご覧ください。

クリック

NEW 作成開始 ▶

保存データを利用して作成 〉

● 新規に申告書や決算書・収支内訳書を作成

● 途中で保存したデータ（拡張子が【.data】）を読み込んで、作成を再開
● 過去の申告書データを利用して作成

手順 4　「税務署への提出方法の選択」画面が開くので、「印刷し
て提出」をクリック。

手順 5　「ご利用のための事前確認を行います」画面が開くので、
推奨環境の確認、プリントサービスのご案内、利用規約を
確認し、「利用規約に同意して次へ」をクリック。

（注）これらの推奨環境などに合わない場合、正確に作動しないことがあります。

ご利用のための事前確認を行います

推奨環境をご確認ください

国税庁において動作を確認した環境です。

OS	Windows 8.1 Windows 10 Windows 11
ブラウザ	Internet Explorer 11 （※1） Microsoft Edge （※2） Google Chrome Firefox
PDF閲覧ソフト	Adobe Acrobat Reader DC

※1　Windows11は対象外となります。

※2　ChromiumベースのMicrosoft Edgeが対象となります。

🔲 WindowsとMacintoshの両方の推奨環境を確認する場合はこちら

プリントサービスのご案内

ご自宅で申告書等を印刷できない方は、コンビニエンスストア等でプリントサービスをご利用いただけます。

🔲 プリントサービスのご案内はこちら

利用規約をご確認ください

確定申告書等作成コーナーのご利用の際は、利用規約への同意が必要です。
利用規約をご確認いただき、同意された場合は「利用規約に同意して次へ」ボタンをクリックしてください。

🔲 確定申告書作成コーナーの利用規約はこちら

クリック

戻る　　　　　　　　　　　　　　　　　　　　　　利用規約に同意して次へ

第5章

手順 6 「作成する申告書等の選択」画面で「令和3年分の申告書等の作成」をクリック。

手順 7 「令和3年分の申告書等の作成」画面が開くので、「所得税」をクリック。

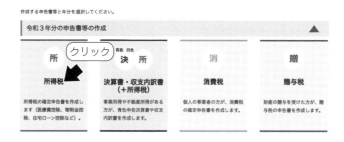

手順 8 「令和3年分 所得税及び復興特別所得税の確定申告書作成コーナー」画面が開くので、「次へ進む」をクリック。

☞ 手元に給与支給総額の分かる書類（源泉徴収簿）や、年末調整をする控除証明書（社会保険料、生命保険料、地震保険料）などを準備しましょう。

手順9 「申告書の作成をはじめる前に」画面が開くので、年末調整をする人の生年月日を入力し、「申告内容に関する質問」の「給与以外に申告する収入はありますか？」では「いいえ」を選択して、クリック。

「申告内容に関する質問」が開くので、次のように選択して「次へ進む」をクリック。

第5章

手順⑩　「収入金額・所得金額の入力」画面が開くので、「総合課税の所得」にある「給与所得」欄の「入力する」をクリック。

総合課税の所得			（単位：円）
所得の種類	入力・訂正 内容確認	入力 有無	入力内容から計算した所得金額 （❓から表示金額の説明を確認できます。）
事業所得（営業・農業）❓	入力する		❓
不動産所得 ❓	入力する		❓
利子所得 ❓	入力する		❓
配当所得 ❓	入力する	クリック	❓
給与所得 ❓	入力する		❓
雑所得 ❓	公的年金等　入力する		❓
	業務　入力する		
	その他		
総合譲渡所得 ❓	入力する		❓
一時所得 ❓	入力する		❓
合計 ❓ ※「本年分で差し引く繰越損失額」を入力した場合は、 　繰越損失控除後の金額が表示されています。			❓

手順⑪　「給与所得の入力」画面が開くので、「書面で交付された年末調整済みでない源泉徴収票の入力」の「入力する」をクリック。

書面で交付された年末調整済みでない源泉徴収票の入力

書面で交付された年末調整済みでない源泉徴収票について、「入力する」ボタンをクリックして入力してください。（最大300件）

☐ 外貨建てのストックオプションなどの収入の入力例

入力内容の一覧

支払者の住所（居所）・所在地又は法 人番号	支払金額	源泉徴収税額	源泉徴収税額の内書 き	操作
支払者の氏名・名称				

クリック

入力する

手順12　「源泉徴収票」画面が開くので、各項目を入力。

　①「支払い金額」（設例 7,074,500 円）を入力。

　②「源泉徴収税額」は必ず 0 円で入力。

　③「社会保険料等の金額」（設例 1,084,224 円）を入力。

　④「支払者」を入力して、「入力内容の確認」をクリック。

給与所得の入力

令和3年分の源泉徴収票に記載されているとおりに、1件ずつ入力してください。
源泉徴収票に記載のない控除は、後の各控除の入力画面から入力してください。

入力

①支払金額

　　　7,074,500 円

②源泉徴収税額

2段で記載されている場合、下の段の金額

　　　　　0 円

□ 源泉徴収税額が2段で記載（内書き）❓
2段で記載されている場合、上の段の金額

必ず0円で入力

③社会保険料等の金額

2段で記載されている場合、下の段の金額

　　　1,084,224 円

□ 社会保険料等が2段で記載（内書き）❓
2段で記載されている場合、上の段の金額

④支払者

住所（居所）又は所在地又は法人番号（全角28文字以内）
（ビル名等省略可）❓

東京都板橋区志村1−13−15

氏名又は名称（全角28文字以内）

国書刊行会

令和 3 年分　給与所得の源泉徴収票

クリック

キャンセル　　続けてもう1件入力　　入力内容の確認

第5章

手順⓭ 「入力内容の一覧」で内容を確認。誤りがなければ「次へ進む」をクリック。

入力内容の一覧

	支払者の住所（居所）・所在地又は法人番号 支払者の氏名・名称	支払金額	源泉徴収税額	源泉徴収税額の内書き	操作
1	東京都板橋区志村1－13－15 国書刊行会	7,074,500円	0円	円	訂正　削除

別の源泉徴収票を入力する

特定支出控除の入力

給与所得者の特定支出控除の適用を受けますか？
☐ 給与所得者の特定支出控除について

はい　　いいえ

クリック

前に戻る　　次へ進む

手順⓮ **手順⓾**の「収入金額・所得金額の入力」画面に戻るので、「総合課税の所得」の下にある「分離課税の所得」の右下（最下段）にある「入力終了（次へ）」をクリック。

分離課税の所得　　　　　　　　　　　　　　　　　　（単位：円）

所得の種類	入力・訂正 内容確認	入力 有無	入力内容から計算した所得金額 （ 💡 から表示金額の説明を確認できます。）	
土地建物等の譲渡所得 ❓	入力する			💡
株式等の譲渡所得等 ❓	入力する			💡
上場株式等に係る配当所得等 ❓	入力する			💡
先物取引に係る雑所得等 ❓	入力する			💡
退職所得 ❓	入力する			💡

決算書・収支内訳書作成コーナーへ

クリック

※ 決算書・収支内訳書を作成開始・再開又は訂正する方はこちらをクリックしてください。

< 戻る　　入力終了（次へ）>

手順⓯ 「所得控除の入力」画面が開くので、年末調整する項目を順次入力（設例では生命保険料控除から）。

所得控除　　　　　　　　　　　　　　　　　　　　　　　　　（単位：円）

所得控除の種類 （各所得控除の概要はこちら）	入力・訂正 内容確認	入力 有無	入力内容から計算した控除額 （ ₂ をクリックすると表示金額の解説を確認できます。）	
雑損控除 ?	入力する			₂
医療費控除 ?	入力する			₂
社会保険料控除 ?	訂正・内容確認	✓	1,084,224	₂
小規模企業共済等掛金控除 ?	入力する			₂
生命保険料控除 ?	入力する			₂
地震保険料控除 ?	入力する			₂
寄附金控除 ?	入力する			₂

該当する項目を
クリック

手順16 ①「生命保険料控除の入力」画面が開くので、「書面で交付された証明書等の入力」にある「入力する」をクリック。

　　　☞ 適用制度（新・旧）ごとに入力するので、制度ごとに控除証明書をそろえておくと便利です。

①「生命保険料控除の入力」画面

> **証明書等の入力**
>
> **保険会社等から交付された証明書等の入力**
>
> ⚠ 年末調整済みの源泉徴収票に記載されている生命保険料は、給与所得の入力画面から入力してください。
> 　また、年末調整時に使用した証明書等のXMLデータは、反映させないでください。
>
> 書面で交付された証明書等の入力
>
> 書面で交付された証明書等について、「入力する」ボタンをクリックして入力してください。（最大10件）
> ※同一内容の重複入力（特に自動入力されたデータとの重複）にご注意ください。
>
> 入力内容の一覧
>
> | 適用制度 | 保険の種類 | 支払った保険料の額 | 操作 |
> |---|---|---|---|
>
> 入力する

クリック

②「保険料の証明書等を1件ずつ入力してください」と表示されるので、「適用制度の選択」から該当する項目（設例では旧制度（旧生命保険料控除））を選んで支払った保険料を入力し、「入力内容の確認」をクリック。

第5章

①の「生命保険料控除の入力」画面に戻って、入力
内容が表示されます。内容を確認して「別の証明書等
を入力する」をクリックすると、新たな（未入力）「生命
保険料控除の入力」画面が表示されます。

③ 今度は「新制度（新生命保険料控除）」をプルダウンし
て選択（設例では新個人年金保険料 59,000 円）し、入力が
終わったら「入力内容の確認」をクリック。

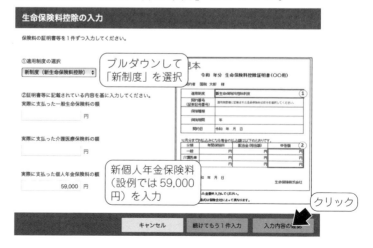

④ 再び①の「証明書等の入力」画面に戻って入力内容が
　表示されるので、内容を確認して「次へ進む」をクリック。

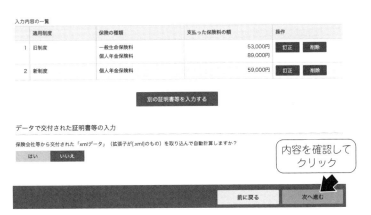

⑤「計算結果確認（生命保険料控除）」画面がポップアッ
　プされます。153 頁に掲載した「令和３年分　年末調
　整のしかた」（設例２の説明）４の生命保険料控除の解説
　どおり、自動計算された生命保険料控除額が 85,500
　円（一般の生命保険料の控除額 38,250 円、個人年金保険料の
　控除額 47,250 円）と表示されていれば、正しく入力され
　ています。確認して「OK」をクリック。

第5章

手順17　**手順15**の「所得控除の入力」画面に戻るので、今度は「地震保険料控除」を選択してクリック。

「地震保険料控除の入力」画面で「書面で交付された証明書等の入力」にある「入力する」をクリック。

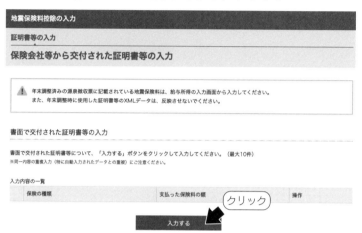

① 「保険料の証明書等を 1 件ずつ入力してください」と表示されるので入力（設例では旧長期損害保険料）し、「入力内容の確認」をクリック。

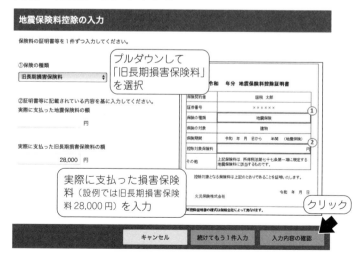

　①の「地震保険料控除の入力」画面に戻って「入力内容の一覧」が表示されるので、内容を確認して「次へ進む」をクリック。

書面で交付された証明書等の入力

書面で交付された証明書等について、「入力する」ボタンをクリックして入力してください。（最大10件）
※同一内容の重複入力（特に自動入力されたデータとの重複）にご注意ください。

入力内容の一覧

	保険の種類	支払った保険料の額	操作
1	旧長期損害保険料	28,000円	訂正　削除

別の証明書等を入力する

データで交付された証明書等の入力

保険会社等から交付された「xmlデータ」（拡張子が[.xml]のもの）を取り込んで自動計算しますか？

はい　　いいえ

内容を確認してクリック

前に戻る　　次へ進む

②「計算結果確認（地震保険料控除）」画面がポップアップされるので、「令和３年分　年末調整のしかた」（設例２の説明）５の地震保険料控除の解説どおり、自動計算された地震保険料控除額が15,000円と表示されていれば、正しく入力されています。確認して「ＯＫ」をクリック。

手順18　**手順15**の「所得控除の入力」画面に再び戻るので、今度は「配偶者控除・配偶者特別控除」を選択して「入力する」をクリック。「配偶者（特別）控除の入力」画面が開くので、必要事項を入力して「次へ進む」をクリック。

第5章

配偶者の氏名（全角10文字以内）

| 国書　花子 |

配偶者の生年月日

| 昭和 ⬍ | 42 ⬍ | 年 | 2 ⬍ | 月 | 8 ⬍ | 日 |

配偶者の障害者の該当

☐ 障害者の該当についてはこちら

| 障害者の場合は選択してください。 ⬍ |

国外居住親族 ❓

☐ 配偶者の方が非居住者である。

☐ 必要書類のご案内

別居の該当

☐ 配偶者の方と別居している。

配偶者の所得金額等

☐ 入力方法はこちら

配偶者の給与の **収入** 金額

給与所得の源泉徴収票の支払金額の合計を入力してください。

| 1,900,000 | 円 |

配偶者の公的年金等の雑所得の **収入** 金額

公的年金等の源泉徴収票の支払金額の合計を入力してください。

| 0 | 円 |

配偶者の上記以外の **所得** 金額

収入金額から必要経費等を差し引いた後の金額を入力してください。

| 0 | 円 |

① 配偶者の氏名・生年月日を入力。
② 配偶者が障害者の場合はプルダウンで選択。
③「国外居住親族」「別居の該当」にあたらない場合は、飛ばして進む。
④ 配偶者の給与所得（設例：125万円）を入力（☞参照）。
⑤ 他の収入がなければ0と入力。

☞ 設例では、配偶者の給与所得は125万円です。**給与所得は給与収入から給与所得控除**（サラリーマンの概算必要経費）**を引いた金額**ですので、給与収入なら190万円に相当します。実務で使う場合には、源泉徴収票の「**支払金額**」欄に記載されている金額を入力してください。

クリック

| 前に戻る | 次へ進む |

手順19　**手順15**の「所得控除の入力」画面に戻るので、配偶者控
除・配偶者特別控除額が「令和３年分　年末調整のしかた」
（設例２の説明）６の「配偶者（特別）控除額」の解説どお
りに 110,000 円と表示されていれば、正しく入力されて
います。

　次に「扶養控除」をクリックすると「扶養控除の入力」
画面が開くので、「入力する」をクリック。

① 扶養控除の入力画面

扶養親族について、「入力する」ボタンをクリックして入力してください。（最大16歳未満6人・16歳以上6人）

※ 満16歳未満の扶養親族の方をこの画面に入力すると、「住民税等」の入力画面に引き継がれます。

入力内容の一覧

扶養親族の氏名	続柄	生年月日	年齢	扶養控除額 障害者控除額	操作
				入力する	クリック

　『扶養控除』の入力画面に、氏名、続柄、生年月日を入力し、
「入力内容の確認」をクリック（設例では、控除対象扶養親族（一
般：38 万円）１人と、特定扶養親族（63 万円）１人の合計 101 万円）。

☞　**一般の控除対象扶養親族とは 16 歳〜 18 歳および 23 歳〜
69 歳**までの者で、**70 歳以上は老人扶養親族**（同居：58 万円、
同居以外 48 万円）になります。**特定扶養親族とは 19 歳〜 22
歳の扶養親族**です。

扶養控除の入力

扶養親族の情報を入力してください。

※　満16歳未満の扶養親族の方をこの画面に入力すると、「住民税等」の入力画面に引き継がれます。

扶養親族の氏名（全角10文字以内）

> 国書　二郎

続柄

> 子　　♦

生年月日

> 平成　♦　| 13　♦ | 年　3　♦ | 月　2　♦ | 日

障害者の該当

> ◻ 障害者の該当についてはこちら
>
> 障害者の場合は選択してください。　♦

国外居住親族 ❓

> ☐ 扶養親族の方が非居住者である。
>
> ◻ 必要書類のご案内

別居の該当

> ☐ 扶養親族の方と別居している。

① 扶養親族の氏名・続柄・生年月日を入力。

② 控除額は生年月日等を正しく入力すれば自動判定してくれます。

③ 障害者に該当する場合には、プルダウンして選択。

④ 「国外居住親族」「別居の該当」にあたらない場合は、飛ばして進む。

クリック

> キャンセル　　　　　　入力内容の確認

② ①の「扶養控除の入力」画面に戻るので「入力内容の一覧」で入力内容を確認し、「別の扶養親族を入力する」をクリックして、他の扶養親族を同様に入力する。

☞ 上記画面の生年月日で入力すると、特定扶養親族の控除額630,000円が自動計算されます。しかし、**特定扶養親族に該当するのは19歳〜22歳**ですので、令和6年分以降の確定申告コーナーを使って、この生年月日（平成13年3月2日生まれ）で入力すると、一般扶養控除額（38万円）に変わります。ご注意ください。

③ 続いて下記のように国書三郎の「氏名、続柄、生年月日」を入力し、「入力内容の確認」をクリックすると、再び①の「扶養控除の入力」画面に戻るので、「入力内容の一覧」で入力内容を確認して、「次へ進む」をクリック。

これで各控除の入力が終了です。設例の場合、**社会保険料等の控除額** 1,084,224 円＋**生命保険料の控除額** 85,500 円＋**地震保険料の控除額** 15,000 円＋**配偶者特別控除額** 110,000 円＋**扶養控除額等** 1,010,000 円＋**基礎控除額** 480,000 円（自動計算されます）＝**源泉徴収簿⑳**（所得控除額の合計額）2,784,724 円［「令和３年分　年末調整のしかた」（設例２の説明）9］となります。

手順⑳　再び**手順⑮**の「所得控除の入力」画面に戻ります。一番下の「合計」が設例のとおり 2,784,724 円と表示されていることを確認して、「入力終了（次へ）」をクリック。

第5章

手順21　「税額控除」の入力画面が表示されますが、ここは飛ばして「入力終了（次へ）」をクリック。

手順22　「計算結果確認」画面が開きます。納付する金額（設例153,800円）[「令和3年分　年末調整のしかた」（設例2の説明）13] が、この人の年間所得税額となって**源泉徴収簿㉕（年調年税額）の金額**です。

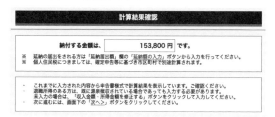

以上で年末調整の税額計算は終わりです。納付する税額が153,800円になっていれば、設例のとおりに正しく入力されています。実際の年末調整では年末調整をする人の所得金額が設例と違いますし、基礎控除額や配偶者控除・配偶者特別控除の額も変わってきます。また、扶養控除額等も扶養控除対象者の生年月日によって控除額が変わります。

しかし、「確定申告コーナー」を使えば、これらの厄介な計算も自動でしてくれて、入力さえ間違えなければ正しい税額計算ができます。さらに、「入力データの一時保存」をクリックして確定申告データを残しておけば、年末調整では控除できない医療費控除や寄附金控除の確定申告も自分で簡単にできます。ぜひ挑戦してみてください。

手順23　各人の年調年税額を清算します。設例では、源泉徴収簿の⑧で216,857円の税金を徴収していますので、徴収しすぎていた税金㉖ 63,057円（⑧ 216,857円－㉕ 153,800円）が計算できます。

　以上のように難しい所得税の計算を確定申告書等作成コーナーに任せてしまえば、あとは各給与受給者の調整手続きです。税金を納めすぎていた人や反対に税金が足りない人は、支給する給与で調整します。

　『令和３年分　年末調整の仕方』（設例２）では、「本年最後に支払う給与についての税額計算をした上で年末調整を行う場合」となっていますので、源泉徴収簿㉗（本年最後の給与から徴収する税額に充当する金額）に8,070円と記入し、㉙（差引還付する金額）54,987円を算出します。

　しかし、納期の特例制度のところ（第４章９）でも説明しましたが、この裏技を使うには**その年分の確定申告書等作成コーナーがホームページ上にアップ**される必要があります（毎年の状況では翌年１月10日前後です）。

　ですので、**源泉所得税の納期の特例制度を利用して、納期を１月20日に延長して**おけばこの裏技が使えます。**この場合、還付する税金54,987円は翌年１月の給与で調整**（家族従業員であれば２月の給与で戻しても可）**し、源泉徴収簿の㉛**（翌年において還付する金額）**に記載**します。

　難しいと思ったら、税務署の源泉所得税担当に相談すると親切に教えてくれます。年末調整も税理士に頼らず、ぜひ自分で挑戦してみてください。

第５章

ポイント!

◆年末調整とは、従業員などの所得税を精算する事務です。

◆対象者は甲欄適用者で、給与収入が2,000万円以下の人です。

◆各人の税額計算を国税庁のシステム「確定申告書等作成コーナー」を使って計算すると、税制改正にも対応していますので、間違いがありません。

◆「確定申告書等作成コーナー」の使用にあたっては、年分確認をしてください。令和4年分の年末調整は令和4年分の確定申告コーナーで!

◆年末調整や法定調書の提出事務は専門的な知識が必要です。これらの事務をスポット的に税理士に依頼することもできます。

第6章
ホントにやさしい寺院会計

1 現金出納帳を作ろう！

経営の基礎となる帳簿は、税務調査対策や、今後増加することが予想される総代会への財務諸表の提出のためだけに備えつけるわけではありません。自坊の経営状況を正確に把握し、今後の寺院経営の礎となる資料として活用する、または次代を担う後継者のために記録として残すなど、さまざまな必要性があります。

寺院会計は超現金主義です。現金主義とは現金主義会計概念の１つで、収益と費用を現金の受け渡しの時点で認識する会計です。わかりやすくいえば家計簿です。給与などの収入があって買い物のレシートがある。このようなイメージです。

これに対して一般企業が採用している会計基準は、現金の受け渡し時期にかかわらず、取引の確定時点で収益と費用を認識する発生主義です。商品を納品して請求書を発行した時点で売上を計上します。

代金の決済は翌月となっているにもかかわらず、売上をたてなければなりません。この税金を計算するためのルールが、なかなか一般人には飲み込めません。

「寺院会計は現金主義です」と堂々と書きましたが、本来は企業会計原則にしたがって発生主義を採る必要があります。しかし、寺院の取引には、売掛金や買掛金が発生することがほとんどないのです。

お布施を後払いする人がいますか？　お布施をローンで支払う人がいますか？　墓地の永代使用料などはローンで払うケースもあるかもしれませんがレアケースでしょう。

厳密にいえば寺院会計でも、電気、ガスなどの公共料金は、使用した月の翌月以降に支払うことになるため、買掛金（未払金）にな

ります。しかし、寺院会計の極めて少額の部分にしかなりません。このような少額処理にこだわっていると、会計が煩雑になるだけです。

　支払った（通帳から引き落とされた）ときに経費と認識し、**会計帳簿に記載する**方が、はるかにわかりやすく記帳もしやすくなります。

　ただし、**法人税や消費税の申告書を提出する必要がある宗教法人は**、現金主義会計は許されず、**発生主義による会計を採用**しなければなりません。それでも、電気、ガスなどの公共料金を、毎年、継続的に支払ベースで計上していても、税務調査では指摘されないでしょう。結局は今年の経費になるか、来年の経費になるか、だけの小さな問題です。

2 勘定科目を決めよう！

　「かたよらない心！」「こだわらない心！」どこかで聞いたような言葉ですが、これがとても大切です。

　会計帳簿を入力していて、一番面倒くさいと感じるのは勘定科目ではないでしょうか？

　お布施は布施収入。預金利息は雑収入。電気は水道光熱費でガソリン代は消耗品費。勘定科目にこだわりだすと、入力がいきなり面倒くさく感じるようになります。

　本来、**勘定科目を分ける意味は経営分析**です。例えば、経営が苦しい魚屋さんがあったとします。どの経費を切り詰めれば経費削減に繋がるのか？　を見るときに、経費が区分されていないと分析できません。年間集計した水道光熱費が 100 万円もあるのだから、ここを節約してみようか？　と考えるときに使うわけです。

　もちろん寺院経営でも経営分析は必要ですが、塔婆の板の購入代金を仕入勘定に入れようが、消耗品費勘定に入れようが、自分がわかっていればどの勘定科目に入っていても構わない。これくらいのこだわらない心が必要です。特に**収益事業がない寺院では**、消費税課税事業者になるケースはほとんどありませんので、**勘定科目にこだわる必要がありません。**

　とはいっても、勘定科目を認識するのは一般人では容易なことではありませんので、私の寺院で実際に使っている勘定科目を次節に記載します。参考にしてください。

　繰り返しますが「かたよらない心！」「こだわらない心！」「自分が覚えやすい科目！」が一番です。

区分	番号記号	勘定科目	備考
収入	1	布施収入	葬儀、回忌法要、塔婆代など法要関連のすべての収入
	2	事業収入	地代収入（収益、非収益に区分）
	3	雑収入	預金利息、送電線用貸地など上記以外のすべての収入
支出	A	法要費	護摩供養、大般若法要、施餓鬼などの法要にかかった費用
	B	教化布教費	寺報の作成、宗務所講習会の出席など
	C	接待費	法要時の寺方への茶菓子など
	D	会議費	法要準備のための会議費など
	E	事務費	電話、FAX、文具など寺院事務室内の諸経費全般
	F	水道光熱費	寺院で使用する電気、ガス、水道などの公共料金
	G	旅費交通費	法務として使用した電車、タクシー、高速料金など
	H	宗派課金	宗派の課金、僧階礼録など
	I	諸会費	宗務所年会費、組寺会会費など寺方の会費など
	J	交際費	寺方の中元、歳暮、葬儀香典など
	K	車両関係費	寺院所有車両のガソリン、修理、自動車税など
	L	営繕費	境内清掃、墓地除草、庭木手入れ、客殿改修工事など
	M	保険料	寺院の建物更生保険、宗派保険料など
	N	消耗雑費	寺方で使用する除草剤、掃除用具、蛍光灯など諸雑費
	O	給与手当	住職および従事者の給与・賞与
	P	雑給与	管理墓地掃除人、施餓鬼従事者の雑給など

	Q	什器備品	棚経用自転車、その他備品など
	R	事業支出	寺院の固定資産税、法人税など
	S	法定福利費	健保・厚生年金の支払・戻入額

（注）1　先代が決めた勘定科目をそのまま使っています。税理士として多少おかしいと思う部分はありますが、「こだわらない心」です。結局は**科目別に集計して、年間収支がわかればよい**のです。

（注）2　宗教法人用の**汎用ソフトの多くは**大きな寺院をターゲットに作られているため、**勘定科目が多いのが欠点**です。勘定科目が多くなれば、それだけ入力するときに科目を探すのが大変になります。「極力少なく、極力わかりやすく、極力簡単に」がポイントです。各寺院でわかりやすい勘定科目を決めましょう。

（注）3　番号・記号は入力の際、便利です。私の寺院では、入出金伝票に番号・記号を記しておき、それを見ながら週に1回入力します。毎日整理していれば10分程度で終わります。

（注）4　今後加入が増加する健康保険・厚生年金の処理は法定福利費を使います。ここではポイントだけを説明しておきます。

現金出納帳の入力例（第6章4で説明）

月日	科目	コード	取引先	摘要	入金金額	出金金額	残高
10月25日	法定福利費	S	○○年金事務所	10月分保険年金支払額		227,027	953,759
10月25日	法定福利費	S	従業員負担分	10月分保険年金戻し額	112,753		1,066,512

① 年金事務所への健康保険・厚生年金の支払額を出金金額に入力します。口座引き落としの場合は預金元帳に入力します。

② 健康保険・厚生年金は2分の1が寺院の負担です（子ども・子育て拠出金を除く）ので、従業員の負担分を入金金額に入力し、現金を寺院会計に戻します。

③ 決算では1年間を合計して、入金金額と出金金額を相殺すると、寺院の負担する金額が算出できます。

第6章

4　エクセルを使った出納帳の作り方

1　出納帳の準備

　本書では一般に広く使われているエクセルを例にとって説明していきます。皆さんがお持ちのパソコンに買ったときから付いている場合もありますので、確認してみてください。

　エクセルは少々高価です。LibreOffice（https://ja.libreoffice.org/）の Calc であれば無料で使えて、画面のデザインは以前のエクセルと似ています。

　また、インターネットに常時接続しているのであれば、マイクロソフトアカウントを取得して、オンライン上でエクセルを無料で使うことができます（機能が制限されています）。Google アカウントを取得すれば、Google スプレットシートを無料で使うことも可能です。

　LibreOffice と Google スプレットシートは、本書で使用するエクセルとは用語が若干違います。それぞれのソフトのヘルプなどを使って、各自で解決してください。

　では、現金出納帳の作成から始めましょう。パソコン操作に不慣れな方にも理解できるよう、ていねいに記述していきます。

① 現金出納帳の準備

手順1 エクセルで「図　現金出納帳シートの例」のような表を作ります。

手順2 H6 セルに「=H5+F6-G6」という関数を半角で入力します。

手順3 関数を入力した H6 セルをドラッグして下ろせば（H6 セルに入力した関数をコピー）、現金出納帳が完成します。

現金出納帳シートの例

寺院会計は現金での出入りが多いので、現金出納帳が大切な帳簿になります。手提げ金庫を用意して、現金出納帳の残高と金庫の残高が一致するように現金を管理します。現金が動いた都度入力するのが基本です。面倒くさがらずにやりましょう。寺院では日々現金が動くわけではありません。町の花屋さんやお菓子屋さんなどでも、毎日当たり前にやっていることです。慣れれば簡単なことです。

入出金伝票（本章4❷参照）を使うと、後からまとめて入力することもできます。入出金の都度、**現金入金は赤い伝票（赤伝）**に書いて保管し、現金を金庫に入れます。**現金出金は青い伝票（青伝）**に書いて出金し、領収書（レシート）を保管します。

このように入出金伝票を作っておいて週末にまとめて入力すれば10分程度で作業が終わります。

② コードと科目を自動入力
──ドロップダウンリストと関数

現金出納帳へ入力する際にはコードだけを入力し、勘定科目は空欄にしておきます。入力したコードを勘定科目の列にコピーしてからその列全体を範囲選択し、エクセルの置換機能を使ってコピーしたコードを勘定科目に1つひとつ置き換えていきます。ただこのやり方ですと、本章3の勘定科目の場合、最大22回置換しなければなりませんし、置換ミスも発生しかねません。

そこでここでは、コード一覧のドロップダウンリストを作成し、コードをリストから選択すれば勘定科目が自動で入力されるようにする方法を紹介します。

先ほど準備した現金出納帳にひと手間加え、入出金伝票に書き写したコードをリストから選べるようにし、コードを選んだら自動で科目が入力されるように作ってみましょう。

手順1 メモ帳アプリを使い、コードの一覧をカンマ切りで作っておきます。本章3に例示した科目の場合、「　,1,2,3,A,B,C,D,E,F,G,H,I,J,K,L,M,N,O,P,Q,R,S」と半角で入力します。最初の1文字目は全角の空白です。この空白以外で全角と半角を混ぜると、自動入力ができなくなりますので、注意してください。

手順2 コード列の最初の行C6セルにカーソルを移動します。

手順3 ［データ］タブ - ［データツール］- ［データの入力規則］- ［データの入力規則］の順にクリック（図［データの入力規則］の位置）。

［データの入力規則］の位置

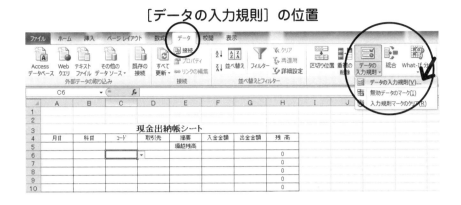

手順4 「入力値の種類」で「リスト」を選択。「元の値」欄に、先ほどメモ帳で作ったコードの一覧をコピーして貼り付けます（図［データの入力規則］の設定）。

手順5 「空白を無視する」のチェックを外します。

［データの入力規則］の設定

手順6 最後に OK ボタンをクリック。

これで C6 セルはリストから選択できるようになったはずです。この C6 をドラッグして下ろせば、下のセルでもリストから一覧を選択できるようになります。

第6章

次に、B列に関数を入れて、コードを選ぶと自動的に科目が出るようにしましょう。

手順7 メモ帳アプリに次の関数を入力します。

=if(C6=1," 布施収入 ",if(C6=2," 事業収入 ",if(C6=3," 雑収入 ",if(C6="A"," 法要費 ",if(C6="B"," 教化布教費 ",if(C6="C"," 接待費 ",if(C6="D"," 会議費 ",if(C6="E"," 事務費 ",if(C6="F"," 水道光熱費 ",if(C6="G"," 旅費交通費 ",if(C6="H"," 宗派課金 ",if(C6="I"," 諸会費 ",if(C6="J"," 交際費 ",if(C6="K"," 車両関係費 ",if(C6="L"," 営繕費 ",if(C6="M"," 保険料 ",if(C6="N"," 消耗雑費 ",if(C6="O"," 給与手当 ",if(C6="P"," 雑給与 ",if(C6="Q"," 什器備品 ",if(C6="R"," 事業支出 ",if(C6="S"," 法定福利費 ","")

関数は次のような命令になります。「もしセル C6 が 1 であれば〈布施収入〉を、（中略）もしセル C6 が S ならば〈法定福利費〉を入力しろ、そうでなければ何も入力するな」。

さて、先ほどコードのリストを作る際に、必ず半角で入力するように注意しました。ここでも**コードは必ず半角で入力**してください。1〜3までは「"」で挟みません（**数字は「"」で挟まない**）。A〜Sと科目名は必ず「"」で挟みます（**文字は「"」で挟む**）。最後は「,"")」で終わります。

手順8 この関数をコピーして、B6 セルに貼りつけると（図　メモ帳に入力した関数を貼りつける）、「図　関数を貼り付ける際のエラー1」か「図　関数を貼り付ける際のエラー2」のいずれかのメッセージが表示されます。

「エラー1」が表示されたときは、メモ帳に入力した内容に誤りがあるということなので、入力した関数を見直して修正してください。

メモ帳に入力した関数を貼りつける

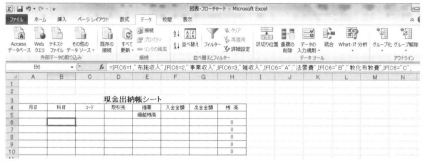

関数を貼りつける際のエラー1

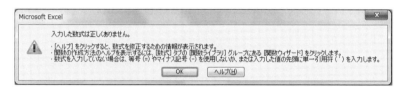

関数を貼りつける際のエラー2

手順9 「図 関数を貼りつける際のエラー2」のようにエラーが表示されますが、このエラーは「手順7」で入力を省略した部分を補正するものですから、「はい」をクリックします。

これで C6 で何らかのコードを選べば、B6 に科目が入るようになったはずです。B6 をドラッグして下ろせば関数がコピーでき、

自動で科目が入るようになります。上手く自動入力ができない場合には、関数の式が間違っていますので、よく確認してください。

③ 現金出納帳の入力例

手順 1　「月日」「コード」「取引先」「摘要」「金額」の順に入力していきます。日付は、10月10日であれば「10/10」と半角で入力すると、自動で「10月10日」と表示されます。

手順 2　現金を預金に移し替えた場合には、これも入力します。

手順 3　月末に「入金金額」と「出金金額」の「合計」を出します。「合計」を求めるにはΣ(オートSUM)ボタンを使います。「入金金額」列で説明しましょう。F7のセル（入金金額列の最初のセル。図の6行目は繰越残高の行なので数えない）にカーソルを合わせて、合計を出力する行（F24）までドラッグしていきます。最後にΣボタン（[ホーム]タブの右上）を押せば、その月の合計が出ます。

手順 4　月末には「入金金額」と「出金金額」の累計も出します。「累計」は前月の累計に今月の合計を加算します。関数を使えば計算も簡単です。累計のセル（図ではF25）に「＝前月の累計金額＋今月の合計金額のセル」という式を直接入力します。

図の入金列を例にとって説明しましょう。前月までの入金の累計金額は4,381,238円です。「入金金額」の累計はF25セルにありますので、F25をダブルクリックします。そこに「=4381238+F24」と半角で入力します。Enterキーを押せば、5,214,238という数字が入ります。

現金出納帳はシートを使って月ごとに作っていきます。シートの移動またはコピーをクリックして追加します（シート見出しを右クリックし、［移動またはコピー］を選択します。［コピーを作成する］をクリックするとシートがコピーできます）。

現金出納帳の入力例

手順1 「10/10」と入力すれば、自動で変換。

赤伝・青伝に書いた「コード」をリストから選択。

赤伝・青伝の「取引先」を入力。

赤伝・青伝の摘要欄を入力。

	月日	科目	コード	取引先	摘要	入金金額	出金金額	残　高
6					繰越残高			4,169,242
7	10月1日	布施収入	1	新井○○	七回忌布施・塔婆6	30,000		4,199,242
8	10月2日	消耗雑費	N	ビバホーム	ラウンドアップ		3,580	4,195,662
9	10月3日	什器備品	Q	㈱光元堂	額		36,750	4,158,912
10	10月6日	布施収入	1	池田○○	二十三回忌布施・塔婆5	45,000		4,203,912
11	10月6日	布施収入	1	大島○○	三十三回忌布施・塔婆6	48,000		4,251,912
12	10月7日	布施収入	1	並木○○	告別式・葬儀布施	300,000		4,551,912
14	10月10日	布施収入	1	関○○	10/27一周忌布施・塔婆	160,000		4,115,245
15	10月13日	布施収入	1	山田○○	先祖供養布施・塔婆1	33,000		4,148,245
16	10月14日	旅費交通費	G	JR・東武鉄道	10月12日		840	4,147,405
17	10月14日	什器備品	Q	ビバホーム	手提げ金庫		6,279	4,141,126
18	10月22日	布施収入	1	丸山○○	通夜・告別式・初七日・お車代	640,000		4,781,126
19	10月23日	消耗雑費	N	ヤマダ電機	電球		340	4,780,786
20	10月24日				三井住友銀行へ入金		2,000,000	2,780,786
21	10月25日	給料手当	○	住職	10月分給料		800,000	1,980,786
22	10月25日	給料手当	○	従事者○○	10月分給料		300,000	1,680,786
23	10月25日	給料手当	○	従事者△△	10月分給料		500,000	1,180,786
24		合　計				1,256,000	4,244,456	
25		累　計				5,214,238	4,964,522	

手順3 合計はドラッグして Σ。

手順2 現金を預金に移し替えた場合も入力。

2 入出金伝票をつけて、帳簿の記載もれを防止

　本章4❶①でも少し触れましたが、毎日の現金の動きは入出金伝票に記載し、それを見ながらまとめて現金出納帳に入力すれば、エクセルへの入力は週に１度で済みます。

　現金入金は赤い伝票（赤伝）に書いて保管し、現金を金庫に入れます。**現金出金は青い伝票（青伝）に書いて出金し、領収書（レシート）を保管**します。

　入出金伝票は街の文房具店でも手に入りますし、インターネットから注文することもできます。また、エクセルでも作ることができます。インターネットで検索すると、多くのひな型が無料で公開されています。

エクセルで作成した入金伝票の例

エクセルで作成した出金伝票の例

手順1　入出金伝票を記入するときには、勘定科目一覧表を見ながらコード番号を記入します（勘定科目は省略可）。

手順2　「日付」「入金先（支払先）」「摘要」「金額」の順に記入して保管します。

手順3　領収書（レシート）は日付順にスクラップブックに貼り付けて保管します。

手順4　交通費として SUICA や PASMO などの電子マネーを利用している場合、チャージごとに領収書を保管して支払い金額を入力します。そして、履歴は毎月プリントアウトして保管します（便法ですので法人税の申告がある場合は不可）。

　電子マネーはコンビニなどでも使用できますので、チャージの領収書を保管するだけでは不十分です（税務調査で指摘されます）。

手順5　**領収書をもらえない出金**（香典など）**の支払いを証明するのが、現金出納帳の重要な役目**です。毎日の入出金を正しく管理している結果、領収書の出ない出金も間違いなくあったのだろうと判断されるのです（ただし、葬儀案内等の証明できるものは極力保存します）。

　税務調査を受ける上で最も大切なことは出納帳の管理です。帳簿の現金残高と実際の現金有高を確認する調査が現金監査です。現金を日々管理して帳簿を付けていれば、おのずと正しい申告になります。また、現金と帳簿の残高を合わせることによって、お布施や経費の付け落ちや入力間違いなども判明します。

第6章

3　預金通帳を入力しよう！

手順 1　現金出納帳の残高部分以外をコピーし、預金元帳のシートを作ります。**預金残高は入力しません。**

手順 2　銀行ごとに入力します。「取引先」列に銀行名を記入するとわかりやすくなります。通帳記帳さえしてあれば、１年に１度の入力で済みますが、入力を溜めると大変です。こまめに入力しましょう。

（注）　公共料金の引き落としは、極力同じ銀行にまとめましょう。毎月、同じ動きになりますので入力が簡単です。

手順 3　定期預金の利息を普通預金に入金している場合は、定期預金の利息だけを発生日（入金日）で入力します（継続などで元利金がいったん普通預金に入金され、再び元金が出金される場合は、元金の動きは入力しません）。

　　　　なお、利息を普通預金に入金しない定期預金は、利息収入を発生日で入力してください。自動継続の利息収入は、銀行に確認すれば教えてくれます。

手順 4　現金出納帳で管理していた現金を銀行に預金した場合や、反対に銀行から預金を引き出して現金出納帳に入れた場合には、預金元帳に入力しません。あくまで、経費の集計のための入力ですので**資金移動の入力は省略**します。利息収入や、公共料金の引き落としなど**収益に関係する部分だけを入力**してください。このため**残高の入力は必要ありません。**

（注）１　現金出納帳では預金への移動をしっかり入力しないと、現金残高が合いません（本章４❶③「現金出納帳の入力例」の10月24日には「三井住友銀行へ入金」（摘要）2,000,000円（出金金額）と入力していますが、預金元帳（次ページ）には現金出納帳からの入金 2,000,000円の入力を省略しています）。

（注）2　ただし、入力間違いを防ぐためには、預金通帳どおりに残高を入力することをお勧めします。この場合は、現金出納帳との資金移動も必ず入力します。（注）1の例であれば、10月24日「三井住友」（取引先）「現金出納帳より」（摘要欄）2,000,000円（入金金額）と入力します。

　注意すべきところは、銀行（ゆうちょ銀行を除く）通帳と本書の預金元帳では入出金の列が左右反対になっていることです。

　簿記を学んだ人には分かりやすいのですが、銀行の通帳は銀行簿記で作られています。通常の入出金は現金出納帳で説明したように入金が借方（左側）、出金が貸方（右側）になります。これを銀行側から見ると預金の入金は負債（預かり金）の増加です。このため銀行の通帳では預金が貸方（右側）に記載されます（一部銀行を除く）。

預金元帳の入力例

	月日	科目	コード	取引先	摘要	入金金額	出金金額
5	10月1日	事務費	E	三井住友	NTT		7,398
6	10月17日	水道光熱費	F	三井住友	水道		32,287
7	10月17日	水道光熱費	F	三井住友	電気料		6,259
8	10月17日	水道光熱費	F	三井住友	電気料		45,057
9	10月24日	雑収入	2	三井住友	東京電力	4,512	
10	10月24日	事業収入	3	三井住友	マンション地代	180,580	
11	10月25日	事業収入	3	三井住友	マンション地代	291,275	
12	10月31日	事務費	E	三井住友	NTT		7,334
14	11月26日	雑収入	2	三井住友	東京電力	6,336	
15	11月30日	事務費	E	三井住友	NTT		7,633
16	12月17日	水道光熱費	F	三井住友	水道		26,197
18	10月22日	雑収入	2	東京三菱	定期利息	30,136	
19	10月22日	雑収入	2	東京三菱	定期利息	45,205	

手順2 「取引先」には銀行名を記入。

通帳の摘要欄を記入。

手順1 残高の入力は不要。

手順3 定期預金は利息収入だけ。元金の動きは入力しない。

5 収入と経費を項目別に集計しよう！

　決算期末になってすべての入力が終了したら、いよいよ収支計算書の作成です。現金出納帳は帳簿の現金残高と手提げ金庫の現金が合っていれば、入力の誤りはありません。しかし、預金元帳は残高での照合ができないので、集計前にもう一度、預金元帳の入力が合っているか、通帳と元帳を照合しましょう。

手順1　すべてのデータをそのまま保存します。

手順2　データを並べ替えるために1つの表を作ります。集計用のシートを新たに作って、残高を削除した現金出納帳と預金元帳を1年分、1つに繋げてコピーします。

手順3　現金出納帳や預金元帳にある次の列と行を削除します（図　不要な行列を削除）。
- 残高列
- 繰越残高行
- 現金出納帳と預金元帳間の資金移動
- 合計行
- 累計行

手順4　整理したデータを並べ替えて集計します（図　整理したデータを並び替える）。タイトル行を含んだシート全体をドラッグします。

手順5　［データ］タブ - ［並べ替え］の順にクリック。

手順6　「最優先されるキー」を「コード」にし、「レベルの追加」をクリック。「次に優先されるキー」に「月日」を指定します。「並べ替えのキー」にはどちらも「値」を、「順序」はどちらも「昇順」を選びます。

手順7　OK をクリックすると、コード順かつ日付順にデータが並び替わります。

手順8　並べ替えた後に各コード間に行を挿入し、項目別にΣ（オート SUM）ボタンを使って集計すれば、経費ごとの年間集計表ができます。

不要な行列を削除

残高の列を削除。

	A	B	C	D	E	F	G	H	I
1									
2	月日	科目	コード	取引先	摘要	入金金額	出金金額	残 高	
3					繰越残高				
4	10月10日	布施収入	1	関○○	10/27一周忌布施・塔婆	160,000			
5	10月13日	布施収入	1	山田○○	先祖供養布施・塔婆1	33,000			
6	10月14日	旅費交通費	G	JR・東武鉄道	10月12日		840		
7	10月14日	什器備品	Q	ビバホーム	手提げ金庫		6,279		
8	10月22日	布施収入	1	丸山○○	通夜・告別式・初七日・お車代	640,000			
9	10月23日	消耗雑費	N	ヤマダ電機	電球		340		
10	10月24日				三井住友銀行へ入金		2,000,000		
11	10月25日	給料手当	○	住職	10月分給料		800,000		
12	10月25日	給料手当	○	従事者○○	10月分給料		300,000		
13	10月25日	給料手当	○	従事者△△	10月分給料		500,000		
14		合 計				1,256,000	4,244,456		
15		累 計				5,214,238	4,964,522		
16	10月1日	事務費	E	三井住友	NTT		7,398		
17	10月17日	水道光熱費	F	三井住友	水道		32,287		
18	10月17日	水道光熱費	F	三井住友	電気科		6,259		
19	10月17日	水道光熱費	F	三井住友	電気科		45,057		
20	10月24日	雑収入	2	三井住友	東京電力	4,512			
21	10月24日	事業収入	3	三井住友	マンション地代	180,580			
22	10月25日	事業収入	3	三井住友	マンション地代	291,275			
23	10月31日	事務費	E	三井住友	NTT		7,334		

繰越残高の行を削除。

銀行への入出金の行を削除。

合計と累計の行を削除。

現金出納帳と預金元帳をこのように結合。他の月も続けてこのようにコピーして、1年分のファイルを連続させて結合。

整理したデータを並び替える

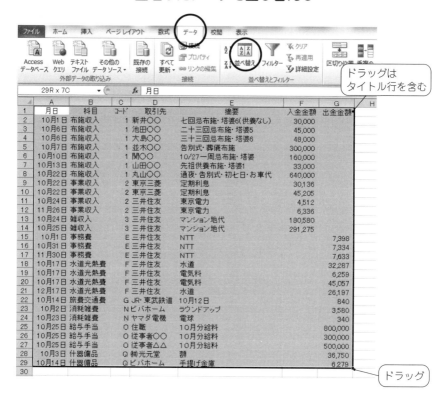

経費元帳

「合計」と入力すれば
見やすくなります。

	A	B	C	D	E	F	G	H
1	月日	科目	コード	取引先	摘要	入金金額	出金金額	
2								
3	10月10日	布施収入	1	関○○	10/27一周忌布施・塔婆	160,000		
4	10月13日	布施収入	1	山田○○	先祖供養布施・塔婆1	33,000		
5	10月22日	布施収入	1	丸山○○	通夜・告別式・初七日・お車代	640,000		
6					合　　　　計	833,000		
7								
8								
9	10月24日	雑収入	2	三井住友	東京電力	4,512		
10	10月24日	事業収入	3	三井住友	マンション地代	180,580		
11	10月25日	事業収入	3	三井住友	マンション地代	291,275		
12								
13	10月1日	事務費	E	三井住友	NTT		7,398	
14	10月31日	事務費	E	三井住友	NTT		7,334	
15								
16	10月17日	水道光熱費	F	三井住友	水道		32,287	
17	10月17日	水道光熱費	F	三井住友	電気料		6,259	
18	10月17日	水道光熱費	F	三井住友	電気料		45,057	
19								
20	10月14日	旅費交通費	G	JR・東武鉄道	10月12日		840	
21								
22	10月23日	消耗雑費	N	ヤマダ電機	電球		340	
23								
24	10月25日	給料手当	○	住職	10月分給料		800,000	
25	10月25日	給料手当	○	従事者○○	10月分給料		300,000	
26	10月25日	給料手当	○	従事者△△	10月分給料		500,000	
27								
28	10月14日	什器備品	Q	ビバホーム	手提げ金庫		6,279	

Σを使って集計すれ
ば、コード別の
集計ができます。

ソート後、各コード
の間に行を挿入して
間隔をあけます。

　この表を印刷して各科目のインデックスを付ければ、立派な経費元帳の完成です。現金出納帳も印刷して保管します。フラットファイルに出納帳、経費帳の順に綴って事業年度ごとに保管します。

　預金元帳はわざわざ印刷する必要はありません。記帳済み通帳を保管すればそれで十分です。

第6章

ポイント！

- ◆週に1回は会計帳簿を付けましょう。

- ◆会計帳簿には支払った（通帳から引き落とされた）日付で入力しましょう。

- ◆勘定科目は「こだわらない心」で決めましょう。科目別に集計して年間収支がわかれば十分です。

- ◆領収書をもらえない支払を証明するのが現金出納帳の重要な役目です。

- ◆口座振替を多く使えば、現金出納帳の記帳が少なくなります。預金通帳を通して振り込めば領収書の保管も伝票の作成も必要なくなります。

  ただし、証拠書類（請求書など）の保管は必要ですので注意してください。

- ◆2023年10月から適格請求書（インボイス）制度が始まります。消費税の申告義務がある場合は、インボイスの保管が必要になります。

第7章
所轄庁への提出書類

1 所轄庁へ毎年提出しなければ ならない書類

　所轄庁への提出書類は下記のとおりです。なお、提出書類などの様式は定められていません。各寺院ですでに作成されているものがあれば、それを提出してよいことになっています。各都道府県の仏教会などが作成している書式やパンフレットなどを参考にしてください。文化庁のホームページ（https://www.bunka.go.jp/seisaku/shukyohojin/shorui/）でも、書式例が公開されています。

(1) **役員名簿**
　①**代表役員名簿**
　②**責任役員名簿**

ポイント！

　記載要領に従って役員の住所や氏名を記載するだけです。最初に作ったものをコピーしておけば、役員の改選があった場合に加除するだけで何年も使えます。

(2) **財産目録**

(3) **収支計算書**

(4) **貸借対照表**

(5) **境内建物に関する書類**

(6) **事業に関する書類**

ポイント！

　決算期末の寺院資産を拾い上げるだけです。最初の年は苦労するかもしれませんが、一度拾ってしまえば、翌年からは新しく購入したものを加え、廃棄したものを削除するだけですので簡単です。
　先代からの引き継ぎの際、正しい財産目録を作るよう心がけましょう。

第7章

（注）　(3)～(6)は、作成している場合には提出することになっています。ただし、収益事業がある場合や、年間収入が8,000万円を超える場合には、収支計算書の提出が必要になります。

提出書類の表紙　書式例

　　　　　　　　　　　　　　　　　　○○年○○月○○日

○○○知事○○○○殿

　　　　　　　　　　所在地　　○○市○○町　○−○
　　　　　　　　　　宗教法人　○○○○寺
　　　　　　　　　　代表役員　○○○○　　印
　　　　　　　　　　認証番号　第　○○○○号
　　　　　　　　　　電話番号　○○（○○○○）○○○○

　　　　　事務所備付け書類の写しの提出について

　宗教法人法第25条第4項の規定により、下記の事務所備付け
書類（写し）を添えて提出します。

　　　　　　　　　　　記

１．役員名簿
　　・代表役員名簿
　　・責任役員名簿
２．財産目録
３．収支計算書

代表役員名簿の例

歴代	資格	ふりがな 氏 名	生年月日	住 所	就 退 任			備 考
					就任年月日	登記年月日	所轄庁届出年月日	
					退任年月日	登記年月日	所轄庁届出年月日	
1	代表役員	○○ ○○ (○○)	大正○○年 ○○月○○日	○○市○○△丁目 △△‐△△	昭和○○.○○.○○	昭和○○.○○.○○	昭和○○.○○.○○	住職死亡 (昭和○○年就任)
2	代表役員	○○ ○○ (○○)	昭和○○年 ○○月○○日	○○市○○△丁目 △△‐△△	昭和○○.○○.○○	昭和○○.○○.○○	昭和○○.○○.○○	住職
3	仮代表 役員	○○ ○○	昭和○○年 ○○月○○日	○○市○○丁目 △△‐△△	昭和○○.○○.○○			不動産売却
4	代表役員 代務者	○○ ○○	昭和○○年 ○○月○○日	○○市○○△丁目 △△‐△△	昭和○○.○○.○○	昭和○○.○○.○○	昭和○○.○○.○○	海外留学

責任役員名簿の例

(任期○年)

資 格	ふりがな 氏 名	生年月日	住 所	就任年月日	就任年月日	就任年月日	就任年月日	備 考
				退任年月日	退任年月日	退任年月日	退任年月日	
責任役員	○○ ○○ (○○)	明治○○年 ○○月○○日	○○市○○△丁目 △△‐△△	昭和○○.○○.○○	昭和○○.○○.○○	昭和○○.○○.○○	昭和○○.○○.○○	総代
責任役員	○○ ○○ (○○)	昭和○○年 ○○月○○日	○○市○○△丁目 △△‐△△	昭和○○.○○.○○	昭和○○.○○.○○	平成○○.○○.○○	平成○○.○○.○○	総代
				昭和○○.○○.○○	昭和○○.○○.○○	平成○○.○○.○○		
責任役員	○○ ○○	大正○○年 ○○月○○日	○○市○○△丁目 △△‐△△	平成○○.○○.○○	平成○○.○○.○○			総代
				平成○○.○○.○○	平成○○.○○.○○			
責任役員 代務者	○○ ○○	昭和○○年 ○○月○○日	○○市○○△丁目 △△‐△△	昭和○○.○○.○○				○○○○ 病気
責任役員	○○ ○○	昭和○○年 ○○月○○日	○○市○○△丁目 ××‐××	昭和○○.○○.○○				総代
〃	○○ ○○	昭和○○年 ○○月○○日	○○市××丁目 □□□□	昭和○○.○○.○○				総代

第7章

財産目録の例

財産目録

宗教法人○○○寺 （　　　年　　月　　日現在）

区分・種類		数量	金額		備考
【資産の部】					
特別財産	1．宝物	10			評価せず
	2．什物	3			評価せず
	特別財産計				
基本財産	1．土地			○○○,○○○	
	（1）境内地○筆		○○○,○○○		
	（2）墓　地○筆		○○○,○○○		
	2．建物			○○○,○○○	
	（1）境内建物	○○㎡	○○○,○○○		
	3．宝物	○○体		○○○,○○○	
	4．預金			○○○,○○○	
	（1）定期預金	○○口	○○○,○○○		
	基本財産計			○○○,○○○	
普通財産	1．土地　○○筆	○○㎡		○○○,○○○	
	2．建物　○棟	○○㎡		○○○,○○○	
	3．什物	○○点		○○○,○○○	
	4．什器備品	○○点		○○○,○○○	
	5．書画・骨董	○○点		○○○,○○○	
	6．車両	○台		○○○,○○○	
	7．図書	○○冊		○○○,○○○	
	8．指定寄附金会計積立金（○○銀行普通）			○○○,○○○	仏具・法衣類寄附金
	9．積立金			○○○,○○○	
	10．預金			○○○,○○○	
	（1）普通預金	○口	○○○,○○○		内、境内整備積立金1行
	（2）定期預金	○行	○○○,○○○		
	11．現金			○○○,○○○	
	普通財産計			○○○,○○○	
資産合計（A）				○○○,○○○	
【負債の部】					
負債	1．預り金			○○○,○○○	
	（1）源泉所得税	2人	○○○,○○○		
	（2）住民税	2人	○○○,○○○		
	2．借入金				
	負債合計（B）			○○○,○○○	
正味財産（C）＝（A）－（B）				○○○,○○○	

2 収支計算書の作成

　難しいことを考えていませんか？　収支計算書の作成は簡単です。第6章で作成した経費元帳を転記するだけで簡単にできます。

収支計算書　収入の例

科　　目		金額（円）	備考
1．宗教活動収入	布　施　収　入	56,531,810	
	小規模貸付収入	3,973,677	
2．雑　　収　　入	受　取　利　息	360,824	
	雑　　収　　入	124,224	
3．寄附金（仏具会計）	寄　附　収　入	600,000	
	小　　　　計	61,590,535	

（注）1　「小規模貸付収入」は非収益の地代収入です。

（注）2　寄附金（仏具会計）については本章3で説明します。

　経費元帳の項目別集計の結果を転記します。繰り返しになりますが、勘定科目を区分するのは、あくまで経営分析や報告の必要がある場合です。大きな寺院では会計報告などで必要になる場合があります。

収支計算書　支出の例

科　目		金額（円）	備考
1. 宗 教 活 動 費	法　　要　　費	2,152,505	
	教 化 布 教 費	941,580	
	接　　待　　費	153,104	
	小　　　　　計	3,247,189	
2. 寺 院 維 持 管 理 費	会　　議　　費	209,494	
	事　　務　　費	418,849	
	水 道 光 熱 費	899,931	家庭での使用部分を引いた額(注)
	旅 費 交 通 費	106,789	
	宗 派 課 金	967,830	
	諸　　会　　費	437,760	
	交　　際　　費	347,016	
	車 両 関 係 費	201,212	
	営　　繕　　費	13,106,979	
	保　　険　　料	1,741,013	
	消 耗 雑 費	174,121	
	小　　　　　計	18,610,994	
3. 人　　件　　費	給 与 手 当	25,000,000	
	雑　　　　　給	314,000	
	小　　　　　計	25,314,000	
4. 資 産 取 得 費	什 器 備 品	79,751	
	出　　資　　金		
	小　　　　　計	79,751	

5. 事　業　支　出	固 定 資 産 税	3,920,018	
	小　　　　計	3,920,018	
6. 境　内　整　備　費	境内整備積立金		
	合　　　　計	51,171,952	

（注）　水道光熱費のメーターが寺院と家庭で共有の場合、家庭での使用分を見積もっ
て、それを差し引いた金額に修正します。

　　家庭での使用分は住職が負担すべき部分を寺院が立て替えています（第4章8
❶参照）。したがって、期末の修正をする必要があります。

日月	科目	コード	取引先	摘要	入金金額	出金金額	残高
○月○日							
3月31日							4,825,640
3月31日			住職	水道光熱費負担金	482,900		5,308,540

　　482,900円は見積額です。実際に住職の財布から出金して、出納帳に繰り入
れます。

　　記載例は3月決算の場合です。

3 指定寄附金明細書の作成

　本堂の建築などをする際には、寄附金会計が必要なこともあります。その場合、別途寄附金の項目を作って管理します。

　私の寺院では寄附金会計は本会計から外して管理しています。記載例は奉納金会計です。法事の際の奉納金を仏具会計として管理し、専用の通帳に入金します。仏具・法衣などの費用はすべてここから支出しています。

　このように目的別の寄附金ごとに預金口座を作成し、入出金の内訳を別途作成します。簡単に言えば、通帳の入出金明細をノートに付ければ、寄附金会計の帳簿ができます。

　本堂建築や特別な寄附金会計を本会計の勘定科目で管理すると、科目が多くなり会計が面倒になります。あまり動きのない寄附金は、工夫して別途会計にすると管理が楽になります。各寺院で工夫してください。

　要点は、**すべての入金と出金を記録しておくだけ**です。「いつ」「誰から」「いくら」の寄附金を受けたのか。当たり前の記録を残し、預金通帳を通して管理するだけです。

2022 年度　指定寄附（仏具法衣等）会計明細

収　入			支　出		
科　　目	金　　額	摘　　要	科　　目	金　　額	摘　　要
寄　附　金	600,000		仏　具　費		
雑　収　入	6,546	預金利息	法　衣　費	250,000	
合　　　計	606,546		合　　　計	250,000	
前年度繰越金	33,515,862		次年度繰越金	33,872,408	

通帳残高に一致します。

手順1　寄附金専用の出納帳を作ります。市販の家計簿で十分です。もちろん、第6章の現金出納帳を工夫してエクセルで作っても構いません。

　　　記載例で説明すると、寄附金の600,000円と支出250,000円を出納帳で管理します。

手順2　寄附のあった都度、「○○氏より」などと記入して寄附金を管理します。

手順3　専用の預金通帳を作り寄附金を入金します。指定寄附金は本会計から外して管理しているため、発生する預金利息は寺院本会計の集計に加算します。

手順4　法衣などの購入は専用の通帳から出金し、本会計の法要費などに入力します。

寄附金専用出納帳の例

年月日	寄進者等	入　金	出　金	残　高
			繰越残高	33,515,862
22.6.10	佐藤○○奉納	200,000		33,715,862
22.7.25	髙橋○○奉納	100,000		33,815,862
22.8.20	預金利息	2,842		33,818,704
22.9.10	仏具購入		250,000	33,568,704
23.1.10	並木○○奉納	300,000		33,868,704
23.2.20	預金利息	3,704		33,872,408
			繰越残高	33,872,408

預金通帳を拡大コピーして、ボールペンで記入しても同じものができます。

第7章

4 寺院専用システムの
メリット・デメリット

　エクセルを使って独自の収支計算書を作成することは、パソコンに慣れている人でも作業が大変です。市販の寺院会計システムを使えば、日々の会計を入力するだけで、所轄庁への提出書類ができます。

　しかし、市販のシステムは大寺院を対象に作成されているものが多く、勘定科目もたくさんあって入力が大変です。また、会計システムだけでなく、寺院管理システム、過去帳登録システムや檀家台帳、管理費業務などの機能が充実しているため、重たいシステムになっていて拒否反応を起こしてしまう。こんな方も多いようです。

　檀家管理はシステムに頼らなくても十分でき、管理費業務なども厳密に行わず、お檀家の気持ち次第のような寺院がたくさんあるのではないでしょうか？

　小規模寺院で無理にシステムを使うと、入力事務につまずいて嫌になってしまう。こんな経験をしている住職も多いようです。

　市販の寺院会計システムは比較的安価です。まず、出納帳と所轄庁への提出書類だけをシステム管理して、徐々に他の機能を使ってみる。このための足がかりとなるよう、数社のシステムを紹介します。目的はあくまでも寺院会計の充実です。はじめの一歩になれば幸いです。

1 参考　市販のソフト

- エムエスソフトセンター（https://www.mscn.net/home-ms/jiin.html）
- システムクリエイト（https://www.tenqoo21.com/）
- 現代寺院総合研究所（https://gendai-jiin.com/sub61.html）

2 一般的な市販ソフトのメリット・デメリット

① メリット

1　独自の出納帳を作らなくても寺院会計ができる。

2　ソフトへの入力ができれば、集計作業や所轄庁への報告書が自動で作成できる。

3　パソコン世代であれば、問題なく使いこなせる。

② デメリット

1　汎用ソフトのため勘定科目を自由に作れない（こだわらない心が通じない）。

2　寺院管理システム（檀家管理システム、宛名管理システムなど）と連動しているため、入力が難しく感じる。

3　複式簿記を採用しているため入力が煩雑で、会計経験のない人には難しい。

第7章

ポイント！

◆施餓鬼や開帳行事ごとに別途会計を作ると、各行事別の
収支計算書も簡単に作れます。

第8章
本書作成にあたって
寄せられた質問

本書の執筆にあたって、いくつかの寺院にご協力をいただき、原稿に目を通していただきました。そこで寄せられた質問、また本書を教材としたセミナーで寄せられた質問や疑問点を整理し、Q & A方式でまとめました。読者の皆様の参考になれば幸いです。

Q.1 帳簿書類の保管期限

入力が終わった入出金伝票は捨ててもいいのでしょうか。それから、受け取った領収書や当寺院が発行した領収書の控え、作成した現金出納帳などは、何年間保管すればいいのでしょうか。

A.

入出金伝票は月ごとに日付順に綴って保管します。領収書綴りと一緒に保管しておけば、一種の補助簿になります。

領収書まで確認する必要がない取引などを探す場合、日付順に綴ってありますので、楽に探せます。元帳の入力は最小限（日付、コード、取引先、摘要、金額）に絞った方が楽ですし、入力誤りも減らせます。

税務署が要求する**帳簿書類の保存義務は7年間**です。また、会社法では、帳簿の閉鎖の日から10年と定めていますので、**証拠書類（領収書など）は10年を過ぎたら破棄しても大丈夫**です。

しかし、帳簿は寺院の記録であり、開帳行事など古い記録を確認する場合も多くあります。よって、**私の寺院では入出金伝票と帳簿は20年を目安に保管**しています。

次代の人に正しい記録を伝えることは、大切な寺院継承です。

第8章

Q.2 車両費の按分

当寺院では法人専用の車は所有しておりませんので、家庭と法務で同じ車を使っております。ガソリン代や整備費はどのようにすればいいのでしょうか。

A.

税務調査では「合理的な基準」という言葉を使います。調査官は365日、一緒にいるわけではないので、実際の使用割合は判りません。一番よく知っているのは、車を使っている人です。

例えば、使用した距離を記録しておけば、実態に一番近くなるかもしれませんが、手間がかかって大変です。稼働日数から、法務は何日、家事使用は何日など、**合理的な説明ができるように按分**します。

税務当局と使用割合の認定に問題が出る場合もありますが、家事使用部分をちゃんと認識して、寺院使用部分だけを経費に算入しておけば、大きな問題になることはありません。

Q.3 家庭と寺院のレシート

家庭の買い物のついでに、寺院で使う花やお菓子もスーパーで購入します。家庭のものも寺院のものも一緒に買うので、レシートは1枚しかもらえません。レシートの保管や出金伝票の起票はどのようにすればいいのでしょうか。

A.

レシートを分けてもらう習慣をつけましょう。事業者のだれもがやっていることです。スーパーのかごを分けて、こっちは寺院用、

これは家事用としてレジを通すだけです。

　うっかり混じってしまった場合は、ボールペンで家事用を削除して合計額を訂正し、そのまま使うこともできます。

Q.4 クレジットカードとポイント

> 　個人所有のクレジットカードを使って寺院で使用する物品を購入し、後から精算しています。寺院専用のクレジットカードを作るべきなのでしょうか。

A.

　基本的には、**法人カードを作るべき**です。**カードに発生するポイントなども、本来は法人のポイント**となります。沢山のポイントが発生していると、税務調査で問題になる場合があることを知っておいてください。

　しかし、少額であれば個人のカードで支払っておいて、領収書をもらえば問題はありません。**会計の基本は寺院と個人を区分するところから始まります。**

Q.5 寺院が契約者である保険

> 　寺院が契約者、住職や家族を被保険者として、保険に加入しています。この保険は寺院の費用負担としていいのでしょうか。

A.

　保険契約書を確認しなければ、はっきりしたことはいえませんが、

寺院が契約者であれば寺院の経費になります。ただし、個人が負担すべき保険料を寺院で支払っているような内容の場合、住職などへ給与の一部と認定されることもあるかもしれません。

　保険内容によっては、積立部分があるなど、全額が経費にならないものもあります。経費に算入する割合などの詳細は、保険会社に確認してください。

Q.6 通勤交通費

　当寺院は生活に不便なところにあるので、普段は自坊から離れたところに住んでいます。そのため、毎月、通勤交通費の支給を受けています。通勤交通費は源泉徴収の対象となるのでしょうか。

A.

　通常の給与に加算して支給する通勤手当は、月額15万円までは非課税です。非課税扱いになる通勤手当は「経済的かつ合理的な方法による金額」とされ、通常の通勤手段で通った場合の金額になります。

　例えば、新幹線通勤をしていれば、新幹線の運賃は通勤費に含まれますが、グリーン料金は含まれません。指定席や自由席の特急料金は大丈夫です。

　寺院などではマイカーを使う場合も多いと思います。マイカーを通勤に使った場合の手当は、距離によって一定金額が非課税となります。非課税の通勤費は、片道の通勤距離が10キロ以上15キロ未満の場合、月額7,100円と決まっています。詳しくは税務署などにお尋ねください。

　ただし、この場合の通勤手当は、従業員などへの支給です。Q2のように、寺院使用部分のガソリン代や、車両の維持費が寺院の経費に含まれている場合は、マイカー使用による通勤とはいいませんので注意してください。

Q.7 兼務寺までの交通費

　兼務している寺院があり、法務があるたびに車で通っています。そこまでの交通費はその都度兼務寺の経費として実費精算する必要があるのでしょうか。

A.

　Q2同様に「**合理的な基準**」で**按分**してください。本来、個別の寺院の経費ですので、各寺院の収益を適正に算出するために必要な作業となります。

　法人税の申告の必要がある寺院は、原則どおりの計算が求められます。しかし、税務申告が必要ない寺院であれば、兼務寺の使用割合が少額であれば、車両を所有している寺院の経費として、全額計上してもかまいません。

Q.8 寺院での立て替え払い

　第4章8**❸❹**について。「現物支給として給与に加算する」場合と、「いったん寺院から支出して、個人の収入から現金で戻す」場合、どちらが有利になりますか。

第8章

A.

　有利、不利の問題ではなく、個人で負担すべき金銭を寺院が立て替え払いしていたことになります。支出する際に寺院と個人の区分をしていないと、会計が煩雑になるだけです。

　本書を見て**寺院と個人の区分の問題点に初めて気づいた人は、寺院が負担した個人経費があれば返済しておいてください。**過去の帳簿に遡って返済すると、提出した報告書のすべてを訂正しなければなりません。煩雑ですので、現在の帳簿に返済して帳尻を合わせてください。寺院から借りていた金銭を返済したと考えましょう。

　もっともよくないのは放置することです。**税務調査で指摘された後では、戻すことができなくなります。**寺院の立て替え部分は住職に支払った給与とみなされ、源泉徴収漏れとして処理されます。

　住職個人の給与に加算して源泉所得税が再計算されますので、累進課税によって高額な税金になるばかりか、源泉所得税の不納付加算税や延滞税が加算されます。

Q.9 退職金制度

> 　退職金について教えてください。どのような方法があるのでしょうか。

A.

　宗教法人で**退職金の規定を定めていれば支給が可能**です。勤務年数や住職の報酬によって退職金の支払限度額が決まりますので、退職金を支給する場合は税理士に相談してください。

　寺院経営の抱える大きな問題の１つに、次世代への継承があります。一定の年齢を超えてもなお寺院経営を続けると、次世代が育ち

ません。これからの時代、特に寺院にも経営感覚が求められます。

　長年の功労に報いるためにも、また寺院継承を促すためにも、退職金は大切な制度です。

　退職金をもらった場合、退職所得として計算されます。例えば、勤務年数30年の住職の場合、1,500万円までは所得税がかかりません。知っていると知らないとでは、税負担にも大きな差が出ます。

退職所得控除額の計算式（30年勤務の場合）

800万円＋70万円×（30年－20年）＝1,500万円

　なお、退職金からも源泉徴収する必要があります。詳しくは、税務署から配布される「源泉徴収税額表」でご確認ください。

Q.10 退職金を支払う際の注意点

退職金を支払う場合の注意点を教えてください。

A.

　住職が代表役員を辞任した際に退職金を支払うケースが徐々に増えています。本書でも後進に道を譲るためにも一定の年齢に達したら、退職金を支払って退いてもらうことを勧めています。しかし、**住職に支払う退職金は法人税上の役員退職給与に該当し**、さまざまな制約を受けますので注意が必要です。

　一般の会社の場合、支払った金員が退職所得に該当するには、次の**3つの要件をすべて備えている（実質的にこれらの要求に適合する）**必要があります。

第8章

① 退職（勤務関係の終了）という事実によって支給されている。

② 従来の継続的な勤務に対する報酬、またはその間の労務の対価の一部で後払いの性格がある。

③ 一時金として支払われる。

　ところが住職の場合、代表役員を退いても檀家からの求めに応じて導師を務めることもあれば、庫裏を住居としているため檀家の相談に応じることもある。また、僧侶の資格は生涯あって、代表役員を退いても朝晩の勤行は続けています。

　このため、**退職という事実を外形から判断することが難しい**といった問題があります。税務調査では実際に退職しているのかどうかが大きな問題になるケースもありますので、退職金の支給要件や支給額などは**必ず税務署や税理士にあらかじめ相談**することをお勧めします。

Q.11 団体参拝に関する費用

　当寺院では、檀家さん方と一緒にご本山へ団体参拝旅行に行くことになりました。２泊３日の予定で、ご本山のお参りと周辺の観光地を巡ります。将来は海外仏跡へ団体参拝旅行に行くことも企画しております。

　寺院の業務として檀家さん方を引率するので、住職などの旅費は寺院の会計から出すことに問題はないと思うのですが、いかがでしょうか。

A.

団体参拝は寺院の布教活動、理解者の育成などのために大切な行

事です。本山への参拝はもちろん、周辺の観光も大切な布教活動ですので、おおいに行ってください。

　寺院からの旅費支給も問題ありません。ただし、全く問題なしというわけではないことも、知っておいてください。

　例えば、一部の檀家さんにしか案内を出さず、毎年の参拝者が決まっているなど個人的な旅行と疑われるような場合、税務調査で問題になることがあるかもしれません。

　海外の仏跡の参拝も同様です。住職の個人的な旅行に、一部の檀家が付き添っているだけではないか？　と疑われないようにすることが必要です。

　そのため、募集要項や旅行日程などの保管が必要になります。

Q.12 お布施に対する領収書

> 当寺院は小さなお寺ですので、お布施に領収書を発行しておりません。領収書を発行するメリットは何ですか。

A.

「お布施ですので領収書は……」と、お考えの方もいると思います。メリットというわけではありませんが、**税務調査では有効な場合があります。**

　税務調査で何度か経験しましたが、檀家の相続税の申告書に記載されたお布施の金額と、寺院の帳簿とが合わない場合があります。

　檀家が相続税の申告書にお布施を多く書いたのか、それとも寺院が受け取ったお布施を少なく記載したのか、どちらが悪さをしたのか判りません。

　税務署は、どちらかが税金を払ってくれればよいのです。事実を

突きつけ、場合によっては檀家さんのところへ反面調査に行きます。

　反面調査が行われると調査中である事実が伝わってしまい、寺院の経理が杜撰だと思われたくないなどの理由で、住職がのむ（自分の誤りだとして処理する）場合もあるようです。

　このようなことにならないように、領収書を積極的に発行している寺院も増えています。

Q.13 減価償却

> 　自坊の駐車場、浄化槽、改修工事などの減価償却は、どのように会計処理すればいいのでしょうか。

A.

　減価償却とは、企業会計に関する購入資産と費用計算の処理に関する方法で、長期間使用する固定資産を使用年限にわたって費用配分する手続きです。

　法人税の申告の必要がない寺院は、減価償却の考えを採用する必要はなく、支払った年度の全支出を収支計算書（修繕費、境内整備費、備品など）に記載します。

　そして、決算期末に所有するすべての資産（土地、建物、現金など）とすべての負債（借入金など）について、その区分、種類ごとに一覧にし、法人の財産状況を明らかにしたものが財産目録です。

　財産目録に記載する資産の価額は取得時の価額となります。しかし、この方法で財産目録を作成すると、資産総額が購入額や工事代金で積み上がり、どんどん膨れ上がってしまいます。

　そこで私の寺院では、新規購入資産などは法人税の原則に従って、減価償却をしています。資産台帳を作成し、各々の建物や備品ごと

に法定耐用年数によって、毎年の償却費を算出しますが、収支計算書には反映させません。

取得価額から毎年の償却費を差し引いた残存価額（償却した後の価格）を集計し、財産目録を作成しています。

減価償却費の計算は細かい規定があって、簡単ではありません。財産目録を初めて作成する場合や、いままでの財産目録を訂正したい場合は、税務署や税理士に相談することをお勧めします。

Q.14 宗派不問の納骨堂

宗派不問の納骨堂への固定資産課税は適法だと判断されましたが、今後、この動きは全国に広まりますか？　寺院経営の将来を考えたとき、宗派不問の納骨堂を作って寺院を維持していかなければならないとの意見も多いようです。

A.

赤坂浄苑は宗派不問の納骨堂であることをもっぱら問題にした判決だとは思いません。都も「課税するかどうかは実態に応じて個々に判断している」と言っているように、**個別事案の問題**です。

問題の本質は、

① 料金体系が整っていて、宗教法人本来の業務としての喜捨金（布施）の性格があると言えるのか？

② 遠隔地の宗教法人が本当に納骨堂の実質経営者なのか？

などの要素を総合的に判断した判決だと思います。

今後は檀家寺でも墓じまいなどのために納骨堂を整備しなければならなくなることが予想されます。もし、このようなケースで安置

第8章

場所に困った人のために宗派不問で遺骨を預かっても、収益事業には当たらないものと考えています。

　法人税法の考え方をそのまま固定資産税の課税にあてはめることはできませんが、こうした納骨堂は「専ら本来の用に供している」施設に該当し、固定資産税も非課税扱いになるものと思われます。

　ただし、この場合でも宗派の教義に基づく宗教儀礼を行って、本来の宗教活動（教義を広める）を行うことは当たり前のことです。

　今後、これらの議論が良い方向に深まっていくことを期待しています。

Q.15 お寺は大丈夫ですか？

A.

　この質問にお答えするのは、僧籍を持つ者としては多少のためらいがあります。しかし、**税理士の立場からなら、厳しい現状であることは断言できます。**

　本文にも書きましたが、人口減少社会です。１人の女性が２人以上の子供を産んでくれなければ、男女の出生割合が１対１のため、家制度を基に作られた檀家制度は衰退していかざるを得ません。そこに拍車をかけるのが人の流動化です。

　檀家制度ができた江戸時代は士農工商が産業構造で、長男が生まれた土地を代々守り、他の子供たちは全力でサポートしていました。

　ところが、現代はサラリーマン中心の社会です。就職によってどこで生活するのか分かりません。転勤先で結婚して子供が生まれれば、その土地で暮らすことも当たり前の時代です。子供が育っていくにつれ、学校などさまざまな要因で引っ越すことが難しくなって実家が空き家になる。こんなケースも多いようです。

檀家制度が時代に取り残されてしまったと言わざるを得ず、これからの時代の寺院は安穏としてはいられません。しかし一方で、日本人の宗教離れが進んでいるとも思っていません。御朱印ブームやパワースポットなどで寺院を訪れる人が増えているようです。

税理士としてみなさんにお伝えしたいのは、**寺院のカネにまつわる負のイメージを払拭しましょう**ということです。少なくとも寺院衰退の要因のひとつに、この問題が関係していることは間違いありません。

本書が「坊主丸儲け」や「寺は特権階級で無税」などの寺院の負のイメージを払拭するためのきっかけとなれば幸いです。

Q.16 本堂葬儀についてどう考えますか？ ［第3版追記］

A.

宗派によっていろいろな考えがあることは承知しているつもりですが、筆者は100年後に自坊が生き残るために必要なことと考えています。

新型コロナ禍によって葬儀の形が大きく変わり、世間体などを気にして葬儀をしていた一般の人たちが仏式葬儀から離れていきつつあります。これによって、これまでは檀家の親戚や兄弟などの縁で葬儀をし、その縁によって墓を建てることで檀家数が増える。このような仏縁が断ち切られる方向に進んでいます。

また、少子化によって檀家数も尻つぼみになり、家族葬が中心になれば大きなホールの需要がなくなって、都市部ではコンビニの跡地が次々と家族葬専用ホールに変わっています。寺院にとって最大の布教の場である葬儀に人が集まらないのであれば、寺院の将来に明るい見通しは立ちません。

第8章

　経済が困窮すれば葬儀が縮小するのはなおさらです。「葬儀代がないので遺体を放置した」などのニュースも耳にしますが、もし檀家がそのような状況に陥れば、菩提寺に連絡することなく墓じまいになり、墓石の撤去費用などが寺院側にのしかかります。

　家族葬では香典が集まらないため、今までのように高額な葬儀をする人は減るでしょう。お布施が大きな負担になる人もいるはずです。ある檀家さんが「お寺さんへのお布施はできるだけ出したいのだけど、葬儀費用が高くてね……」とこぼしていましたが、本堂で葬儀をするなら会場使用料や祭壇使用料をかけず、お布施と葬儀社の人件費などだけで葬儀ができます。

　檀家寺で収入の大きなウェイトを占めるのは葬儀布施で、葬儀がその後の回忌法要につながっていきます。ネットに広告を出す大規模事業者の安価な葬儀に対抗するには、地元の葬儀社と連携して寺院施設を有効利用することによって葬儀費用を抑え、お布施を確保する必要があります。

　また、多くの寺院が本堂葬をすることで、派遣の坊さんにありがちなうわべだけの葬儀を排除し、心のこもった葬儀によって寺院が生き残っていけるのではないか、との思いから本堂葬儀を始めました。

　「菩提寺の本尊様に見送られる」安心感が、そこに集う人々の信仰心を育み、檀家で良かったと思ってもらうことが次世代につながります。本堂葬が檀家減少を食い止め、自坊が生き残っていくための唯一の道だと確信しています。

おわりに

　私の前職は国税職員です。国税職員として 26 年間勤務し、そのうち 17 年間はマルサに在籍していました。国税局を退職し、妻の実家である寺院の経理を初めて見るようになったのですが、カルチャーショックは計り知れないものでした。

　宗教法人の会計は、一般企業と比べてはるかに簡単です。毎日、現金が動くこともないため、取引量も少なければ、見積書や請求書の発行もほとんどありません。よって、一般企業の会計業務に比べて、家計簿程度の労力しか必要としません。

　ところが、その経理がちゃんとできていません。この程度の帳簿なら、街の個人商店より少ない労力であるにもかかわらず、忙しくてできないと言い訳をする。自分たちの世界から出たことがないため、社会の常識ではありえない経理を平然と行っている。

　これではダメだと考えて整備したのが、本書で紹介した現在の帳簿方式です。帳簿方式といいましたが、単にエクセルで作った家計簿です。

　一方、市販されている寺院会計ソフトは大寺院用に作成されていて、小規模寺院では使いにくいものしか見つかりません。大寺院には僧侶以外の職員もいて、経理担当者もいます。しかし、小規模寺院は、そのすべてを住職と家族だけで行っています。組織が違えば、経理もおのずと違ってきます。

　経理の決定的な違いは、複式簿記か単式簿記かです。収益事業がある寺院は法人税の申告書を提出する義務がありますので、企業会計原則に従った複式簿記を備え、貸借対照表、損益計算書の作成が必要となります。複式簿記は会計経験のない人には難しい帳簿です。

　しかし、法人税の申告義務のない寺院は、極端にいえば単式簿記で十分だということです。現金出納帳で日々の現金を管理し、帳簿

の残高と照合しておけば、記載漏れはなくなります。現在、私の寺院の会計労力は、1週間で1時間程度です。

　押さえておくべき点は、本来の宗教業務の収入はすべて非課税だということです。非課税のお布施を収入に計上できない理由はないのです。すべてを寺院の収入に計上して、住職は寺院から給与（役員報酬）をもらいます。もちろん給与は源泉徴収する必要があります。

　これだけを守っていれば、税務調査で慌てる必要は何もありません。過去帳を見せても会計帳簿と合っていれば、何の問題もないはずです。私の知る限り、過去帳を見せない寺院は見せられない理由がありました。

　税務職員には守秘義務があって、調査で知った内容を口外できません。そもそも、本当に調査官に過去帳を見せられない正当な理由があるのでしょうか？　戒名は墓石を見れば彫ってあります。

　調査官が必要とあれば、すべての墓石を調査して過去帳を復元することも可能です。過去帳を見せないための苦しい理由を考えるより、堂々と見せられる帳簿を整備しておくことの方が、寺院にとってはるかに大切なことではないでしょうか？

　各寺院の適正会計が宗教法人全体の信用に繋がり、世論が宗教法人課税論の防波堤になってくれることを祈って、この本を書き上げました。

　最後になりましたが、出版に当たって、本の企画をしていただいた国書刊行会 今野道隆氏には編集で大変お世話になり、本当にありがとうございました。（2014年10月吉日）

［第3版追記］

　初版発行時には思いもよらなかった第3版の刊行となりました。みな様に永く愛される本を上梓することができたことが、望外の喜びです。

2022年7月吉日

上田二郎

主要

- 国税庁『令和3年分　年
- 国税庁『令和3年版　　
  消費税』（国税庁ホーム
- 国税庁『令和4年版
- 国税庁『令和4年分
- 国税庁「源泉徴収
  制度」（国税庁ホー
- 財団法人埼玉県
- 田中義幸編著
  法規、2010）
- 文化庁「役

著 者

上田 二郎
うえだ じろう

1964 年生まれ。東京都出身。83 年、東京国税局採用。
千葉県内および東京都内の税務署勤務を経て、88 年に東京国税局査察部に配属。
その後、2 年間の税務署勤務があるものの、2007 年に千葉県内の税務署の統
括国税調査官として配属されるまでの合計 17 年間を、マルサの内偵調査部門
で勤務した。
09 年、妻の実家を継承するために東京国税局を退職したが、縁あって再び税理
士として税務の世界につながっている。
著書に『マルサの視界 国税局査察部の内偵調査』『国税調査 トクチョウ班』(以
上、法令出版)、『国税局直轄 トクチョウの事件簿』(ダイヤモンド社 [ドラマ「ト
クチョウの女」(フジテレビ) 原作])、『国税局査察部 24 時』(講談社現代新書) がある。

イラスト ● 花色木綿

装幀 ● 鈴木正道 (Suzuki Design)

組版 ● 山田恵 (りんがる舎)

税理士の坊さんが書いた **宗教法人の税務と会計入門 第三版**

ISBN978-4-336-07337-2

2014 年 10 月 15 日 初 版 第 1 刷 発行
2017 年 5 月 22 日 第 2 版 第 1 刷 発行
2022 年 7 月 15 日 第 3 版 第 1 刷 発行

著 者 上田 二郎

発行者 佐藤 今朝夫

発行所 国書刊行会

〒174-0056 東京都板橋区志村 1-13-15
TEL.03-5970-7421 FAX.03-5970-7427
https://www.kokusho.co.jp